GERT FRÖBE

Seine Filme – sein Leben

von GREGOR BALL

Originalausgabe

WILHELM HEYNE VERLAG
MÜNCHEN

Redaktion: Bernd Eckhardt

Copyright © 1982 by Wilhelm Heyne Verlag, München
Umschlagfoto: Süddeutscher Verlag, Bilderdienst, München
Rückseitenfoto: Dr. Konrad Karkosch, München
Innenfotos: Süddeutscher Verlag (5), Deutsche Presse-Agentur (1),
Dr. Konrad Karkosch (56), Deutsches Filminstitut (44), Eckhardt (1)
Umschlaggestaltung: Atelier Heinrichs & Schütz, München
Printed in Germany 1982
Gesamtherstellung: Ebner Ulm

ISBN 3-453-86041-1

Inhalt

Danksagung

Für Rat und Hilfe dankt der Autor folgenden Personen und Institutionen: Academy of Motion Pictures Arts und Sciences (Los Angeles), Susanne Aernecke, British Film Institute (London), Jo M. Blanche, Rudolf Carl, Dominique Dangl, Deutsches Institut für Filmkunde (Wiesbaden), Bodo Dorra, Micky Glässge, Renate Baronin von Hardeln, Peter M. Kraus – Kautzky, Kristine Krois, Peter Magdowski, Peter Machac, Erich Felix Mautner, Bernhard Matt, Dr. Michael Mustakov, Service des Archives du Film du Centre National de la Cinematographie (Bois d'Arcy), Sonja Smolinski, Heribert Schaack, Siglinde Schwenzl, Eberhard Spiess, Stiftung Deutsche Kinemathek (Berlin), Will Tremper, Loni Weihlmayr, Klaus Weiss, Werner Winetzhammer.

Einleitung

Von ihm heißt es, daß er der einzige sei, der die Tradition der großen Schauspieler wie Heinrich George oder Emil Jannings im deutschen Film werde fortsetzen können.

Von ihm heißt es auch, daß er stets den Simplicissimus, über den die Deutschen selber schon seit 350 Jahren lachen können, spiele.

Wie auch immer – dieser Gert Fröbe ist einer der ganz wenigen deutschen Schauspieler, die es zu internationalem Ansehen und Bekanntheit gebracht haben.

Er ist aber auch wie kein zweiter zu einer Symbolfigur für den Nachkriegsdeutschen schlechthin und für das Wirtschaftswunder geworden, so daß er im Ausland als ›der Deutsche‹ gesehen wird.

Daß sein Gesicht zeitweilig außerhalb der Grenzen seiner deutschen Heimat ebenso bekannt war wie die Frontansicht des VW's, des Inbegriffes deutscher Wertarbeit – wen wunderts?

Aber wer oder was ist dieser Gert Fröbe wirklich?

Auf den ersten Blick ist sicher: Kaum je zuvor wurde durch jemanden die von uns allen zurückgelegte Wegstrecke der letzten Jahre optisch so überzeugend im wahrsten Sinne des Wortes verkörpert.

Und kaum je zuvor hat sich ein Vergleich zwischen früher und heute, zwischen einst und jetzt so deutlich angeboten wie mit diesem Gert Fröbe, der sich vom spindeldürren Otto Normalverbraucher zum schwergewichtigen Mr. Goldfinger gemausert hatte.

Wer sich aber näher mit Gert Fröbe befaßt und dem Phänomen seines Erfolges nachforscht, wird Erstaunliches entdecken. Nicht daß der weiche Kern, das wachsweiche Gemüt dieses privat so umgänglichen und gemütlichen Sachsen überraschen würde. Es ist vielmehr die Vielfalt, die Differenziertheit, die einen hier staunen läßt.

Ich habe ihn erlebt.

Als einfühlsamen Rezitator. Als plaudernden, zaubernden Alleinunterhalter erster Klasse.

Natürlich ist über Fröbe das eine oder andere schon geschrieben worden. Aber noch nie wurde versucht, Leben und Wirken dieses Mannes so sehr zu durchleuchten und mit einem so ehrlichen Bilderbogen dem Publikum zu präsentieren.

Gewiß – Fröbe erzählt gelegentlich über Fröbe. Die eine oder andere Episode aus seinem Leben. Aber den ganzen Fröbe will er da nicht preisgeben, oder gar Einblick in sein Privatleben gewähren.

Deshalb ist dieses Buch, das zu schreiben mir ein Vergnügen war, nicht nur eine umfassende Darstellung des Schauspielers Fröbe sondern auch des Menschen Fröbe.

Es soll ein ehrliches, ein aufrichtiges Buch sein, in dem kein Kapitel seines Lebens fehlen soll, in dem seine Niederlagen ebenso wie seine Triumphe, seine Freunde und seine Frauen vorkommen.

Es berichtet aber auch von den Schicksalschlägen und von dem Jubel, den er erlebte – kurz es soll ein ehrliches Bilderbuch sein, über einen Mann mit dem wir, und über eine Zeit, in der wir leben.

Denn Fröbe, über den schon Millionen in der ganzen Welt gelacht haben, teilt etwas mit über die Welt, in der wir leben.

München, im März 1982   *Gregor Ball*

Ein Clown, nichts als ein Clown

Als Karl-Gerhard Froeber am 25. Februar 1913 in Planitz bei Zwickau das Licht der Welt erblickte, sah er zunächst einmal schwarz. Das lag an der Rußglocke, die schon damals – lange bevor Umweltverschmutzung im heutigen Sinn aktenkundig wurde – ständig über Zwickau hing.

Zwickau, Zentrum des sächsischen Kohlebergbaus, war und ist heute noch eine der dreckigsten Ecken der Welt.

Wenn es regnete, waren die Straßen im Nu mit einer dreckigbraunen Brühe überschwemmt. Wenn die Sonne schien, konnte man sie durch Staub und Dunst nur als milchig-graue Scheibe erkennen. Die besagte Rußglocke machte da keinen Unterschied: sie hing auch über dem Arbeitervorort Planitz mit seinen roten Backsteinhäusern.

Der Ort war mit 25.000 Einwohnern schon eine kleine Stadt für sich. Geschäftiges Treiben überall, Kumpels, die in mehreren Schichten Kohle abbauten. Handwerker und Kaufleute.

Einer dieser Kaufleute war der Seilermeister Karl Otto Froeber, der Vater des kleinen Karl-Gerhard.

»Eine rundum imposante Erscheinung«, wie Gert Fröbe später zu erzählen wußte. Nicht nur kaufmännisch ein tüchtiger, angesehener Mann, auch optisch recht ansehnlich: er brachte 260 Pfund auf die Waage und überragte Sohn Gert noch um Haupteslänge, als dieser schon 1,86 Meter maß! Weshalb Gert Fröbe zuhause immer ›der Kleene‹ blieb.

Und dann die Mutter, Alma Froeber: eine stattliche, vollbusige Frau, die 29 war, als sie ihren einzigen Sohn zur Welt brachte. Umsichtig wirtschaftete sie in dem kleinen Anwesen Marktstraße 11, sorgte einfühlsam für das leibliche und häusliche Wohl der Familie.

Immer wieder sprach und spricht Gert Fröbe von seiner Mutter in den schönsten und dankbarsten Worten. Diese ausgeprägte

Mutterverehrung hat er sich bis heute erhalten. Auch nachdem die Mutter 1972, im Alter von 87 Jahren gestorben war.

Den Aufstieg ihres Sohnes zum Weltstar konnte sie noch miterleben, und er freute sich jedesmal, wenn er seiner geliebten Mutter Zuneigung und Dankbarkeit beweisen konnte:

»Die schönste Reise meines Lebens habe ich mit ihr nach Paris gemacht«, berichtet Gert Fröbe.« »Das war 1957. Damals war gerade mein erster französischer Film *Die Helden sind müde* ein Welterfolg geworden. Nun sollte mein nächster Film *Der Mann, der sterben muß* mit einer Gala-Premiere in Paris präsentiert werden. Sofort ließ ich meine Mutter aus Planitz anreisen, damit sie dieses glanzvolle Ereignis an meiner Seite erleben konnte.«

Doch bis zu diesem Beginn seiner Weltkarriere sollten noch Jahrzehnte vergehen, nichts deutete vorerst im Leben des kleinen Karl-Gerhard darauf hin.

Im Familienkreis war er aus anderen Gründen hochwillkommen: nach der zwei Jahre älteren Schwester Hanni sicherte er als Sohn nun die Erbfolge. Kaufmann sollte der Junge werden – Jawoll! Das stand fest, schien für ihn vorbestimmt. Endlich hatte Vater Froeber einen Stammhalter, einen Erben für's Geschäft!

Keiner konnte zu diesem Zeitpunkt ahnen, daß es zwölf Jahre später nichts mehr zu erben gab . . .

Inzwischen begann in Europa ein Krieg, der später als Weltkrieg, und noch später als Erster Weltkrieg bezeichnet wurde.

Los Angeles hatte einen Vorort namens Hollywood bekommen, in dem Filmfabrikanten zu wirken begannen.

Natürlich war nichts davon in Planitz bekannt, und schon gar nichts wies darauf hin, daß ausgerechnet dieser Junge in diesem Hollywood einmal Erfolge als internationaler Star feiern sollte.

An die ersten fünf, sechs Jahre seiner Kindheit hat Gert Fröbe keine direkten Erinnerungen. Er muß sich aber recht ausführlich darüber informiert haben. »Wir hatten ein wunderbares Familienleben«, vermeldete er bereitwillig und oft. Und fügte hinzu: »Das ist der größte Reichtum, den Eltern ihren Kindern für's Leben mitgeben können«. Mit ein Umstand, weshalb Gert Fröbe zeit-

Zu dem Vergleich mit dem Otto Normalverbraucher von 1948 kann Gert Fröbe nur noch mitleidig lächeln. Er hat sich längst an seinen neuen Umfang gewöhnt. Aber als Bauleiter Heubacher, einem gemütlichen und hilfsreichen Menschen, liebäugelt er doch mit einer Abmagerungskur. Das Bild stammt aus dem Film ›Ein Herz schlägt für Erika‹ (1955).

lebens das Ansehen seines Vaters hoch in Ehren hielt, und für seine Mutter eine überaus innige Verehrung empfand.

Das Jahr 1918 dagegen ist ihm noch gut in Erinnerung. Nicht etwa wegen Ende des Ersten Weltkrieges oder dem in Versailles geschlossenen Friedensvertrag, oder gar wegen dem von Ernst Lubitsch bereits 1918 gestalteten Film *Carmen*.

Es geschah etwas viel Profaneres, das den Bub tief beeindruckte: der Circus kam!

Schon Wochen vorher war das Ereignis angekündigt worden – jetzt erhob sich zwischen der Tristesse des Industriestädtchens Zwickau mitten auf dem Schießanger das Zelt des *Circus Sarrassani*. Bunt, exotisch und fremd – wie ein Schmetterling auf einer der nahen Kohlehalden. Stolz ragten die Masten des Zeltes wie Antennen einer Gegenwelt der Sinnlichkeit in den bleigrauen Himmel. Die Wagen und Uniformjacken leuchteten in gelb, rot und gold, Plakate annoncierten Ort und Zeit des glitzernden Geschehens.

Am Rande des Rummelplatzes hockten die Kinder und bekamen große Augen – mittendrin auch der kleine Fröbe.

Daheim fiel er tagelang seiner Mutter auf die Nerven und bettelte bis es soweit war: Karl Gerhard durfte endlich in die Nachmittagsvorstellung.

In dieser knallbunten Flimmerwelt beeindruckte ihn etwas am meisten: die lustigen Clowns.

Sie trugen mit Wasser gefüllte Schweinsblasen unter den Achselhöhlen und spritzten sich gegenseitig naß. Auch beim Publikum blieb im wahrsten Sinne des Wortes bei so einer Vorstellung kein Auge trocken.

»Das ist eine meiner ersten, schönsten und stärksten Kindheitserinnerungen«, erzählt Fröbe aus seiner Jugend.

Der fünfjährige Karl-Gerhard fand dies so aufregend, daß er abends im Bett leise vor sich hinkichernd, dieses Erlebnis mit in seine Träume nahm.

Gleich am nächsten Morgen lief der Knirps zum Metzger und kaufte für einige Pfennige zwei Schweinsblasen.

Damit hatte er Großes vor: im Hofe des elterlichen Hauses erklärte er einen viereckigen Platz zum Orte des Geschehens, und trommelte flugs seine Spielkameraden und alle Kinder der Umgebung zusammen.

Er wollte es den von ihm so bewunderten Clowns gleichtun.

Hermann Kugelstadt inszenierte 1954 den in den Alpen spielenden Film ›Das Kreuz am Jägersteig‹, worin Gert Fröbe die Rolle des Finanziers Kobbe hatte.

Die mit Wasser gefüllten Saumägen klemmte er sich unter die Achseln und spritzte sein aufmerksam gespanntes Publikum gehörig naß. Natürlich nicht ohne zuvor von jedem pro Schopf und Nase fünf Pfennig Eintritt kassiert zu haben.

»Ich habe nie außer acht gelassen, daß man für seinen Auftritt auch etwas bekommen darf – schon damals nicht«, gab Fröbe in einem Rundfunk-Interview mit Ado Schlier offen zu. »Es wurde sehr über mich gelacht. Ich hab' genau das gemacht, was ich im Zirkus gesehen hatte. Und wenn ich ganz ehrlich bin, war das der allererste Anfang meiner Sehnsucht, mich produzieren zu müssen.«

Doch davon wußte der fünfjährige Junge mit dem roten Schopf natürlich noch nichts.

Gewiß ist auch dieser Umstand der Grund dafür, daß Gert Fröbe vor allem jene Rollen interessant findet, die ans Clownhafte grenzen und ihm alle Möglichkeiten zum Ausspielen seiner pantomimischen Begabung bieten.

Bis zu seinem Debüt als Schauspieler sollten aber noch einige Jahre vergehen.

Seine Ferienzeit und wann immer es die Schule zwischendurch erlaubte, verbrachte der Junge im nahen Erzgebirge. Meist auf dem Gutshof seines Onkels in Thüringen, »der jeden Tag bei der Inspektion seiner ausgedehnten Ländereien drei Pferde hintereinander müde ritt.«

In dieser Zeit erschien dem heranwachsenden Knaben der Beruf eines Bauern, »der gestiefelt und gespornt ein wirklicher Herr auf seinem Boden ist, als der einzig erstrebenswerte, wahrhaft männliche.«

Diese Naturverbundenheit hat sich Gert Fröbe zeit seines Lebens bewahrt. Jahrzehnte später konnte er den Traum ›von der eigenen Scholle‹ in einem herrlichen, großen Besitz am Tegernsee verwirklichen. Und noch später in seinem burgähnlichen Anwesen ›Ickingham‹ im bayrischen Isartal.

Im Erzgebirge war es auch, daß Fröbe sein Debüt als Schauspieler gab. Der Erzgebirgsverein, zu dessen Gründern Großvater Froeber und Vater Froeber als Mitglied gehörten, gedachte das

Der Chauffeur Jupp weicht den Fragen aus. Gert Fröbe in ›Nasser Asphalt‹, einem Film von Frank Wisbar, der 1958 in die Kinos kam.

Christfest 1925 mit dem Laienspiel »*Weihnachten im Erzgebirge*« zu feiern.

Darin sollte auch der junge Karl-Gerhard mitspielen. Als Dorfgendarm, im damaligen Sprachgebrauch ein Feldweibl. Diese denkbar kleine Rolle, die mit nichts weiter als den kurzen Worten »Sehr wohl« in Erscheinung zu treten hatte, war ihm zugedacht worden.

Mit großem Eifer ging er an die Sache, lernte seinen »Text« und bemühte sich, alles recht zu machen.

Exakt studierte er seine Rolle. Unglücklicherweise aber hatte sich im Textbuch ein Druckfehler eingeschlichen. Statt ›Sehr wohl‹ stand dort ›Sehr wobl‹ geschrieben.

Fröbe, stets strebsam bemüht, ihm übertragene Aufgaben zur Zufriedenheit aller zu erledigen, lernte also präzise was im Textbuch stand. Er prägte sich den Satz, beziehungsweise die beiden Worte, gut ein und memorierte immer wieder sein ›Sehr wobl‹!

Bei der Generalprobe – er durfte bereits seinen Polizistenhelm tragen – geschah das Malheur. Als Fröbe nämlich zum zweiten Mal sein ›Sehr wobl‹ schnarrte, zuckte der Regisseur zusammen und brüllte: »Du Rindvieh! Was sagst Du da? Wie soll das heißen?«

Es brauchte lange, bis der gute Mann den Jungen überzeugt hatte, daß nicht alles stimmen muß, was gedruckt ist.

Mit dieser ersten Theater-Erfahrung waren Gert Fröbes schauspielerische Ambitionen für's erste gedämpft.

In jenen Tagen hatte das Welttheater begonnen absurd zu werden. Karl Kraus hatte schon *Die letzten Tage der Menschheit* geschrieben, Picasso *Der Sitzende Pierrot* gemalt, der Tänzer Nijinski war geisteskrank geworden und Regisseur Fritz Lang gestaltete *Dr. Mabuse, der Spieler.*

Jahrzehnte später sollte Gert Fröbe in der bislang letzten Verfilmung dieses Themas *Die tausend Augen des Dr. Mabuse* (1960) spielen – es war auch Fritz Langs letzter Film.

Inzwischen hatten sich in Deutschland in schneller Folge ebenso grausame wie groteske Dinge ereignet: Fememorde fanden statt, Rosa Luxemburg und Karl Liebknecht wurden ermordet, das Ruhrgebiet war durch Frankreich besetzt worden.

In München wurde die Räteregierung mit Niekisch, Mühsam und Toller beseitigt. Die Zeitung von gestern war ferne Vergangenheit – niemand vermochte vorauszusagen was morgen kam.

Der Schüler Froeber jedoch bemerkte von all dem nicht sonderlich viel.

Nur an die in Deutschland herrschende Inflation erinnert er sich noch deutlich: »Als mein Vater einmal mit einem Zwei-

Gert Fröbe in ›Du Rififi À Paname/Rififi Internationale/Rififi in Paris/Der Boss von Paris‹ (1966).

Milliarden-Mark-Schein seine Zigarre anzündete, verstand ich die Welt nicht mehr.«

Der Notgeldumlauf betrug zu dieser Zeit etwa 500 Trillionen. Weit über hunderttausend Menschen wanderten aus, Hunger, Not und Sorge waren Alltag geworden – so gut wie niemand blieb davon verschont.

Auch Familie Froeber nicht.

Besonders der Vater mit seinem Geschäft hatte es nicht leicht. Stets mußte er die Preise des folgenden Tages im voraus einschätzen, denn die Inflation verwandelte jede Tageskasse über Nacht in ein besseres Trinkgeld.

»Wer als Geschäftsmann damals nicht eiskalt war, machte unweigerlich Pleite«, erinnert sich Gert Fröbe. »Wer gutmütig war, hatte keine Chance. Mein Vater hatte zuviel Herz und schickte seinen Kunden niemals Zahlungsbefehle. Wie so etwas aussah, wußte er erst, als sie ihm selbst ins Haus flatterten. Da aber war es schon zu spät.«

Nach der Pleite des elterlichen Betriebes mußten alle Familienmitglieder ihr Schärflein zum Lebensunterhalt beitragen.

Aber trotz der Notzeiten brauchte bei Froebers niemand zu hungern. Mutter Alma hatte beizeiten Vorräte angelegt und schneiderte für die Nachbarschaft. Schwester Hanni gab Privatunterricht und auch die kleine Welt von Sohn Gerhard war so gut wie immer in Ordnung.

Bis zu jenem Tag an dem er im Bad unbemerkt eingeschlafen war: die Folgen des stundenlangen Liegens im kalten Wasser waren katastrophal – schweres Gelenkrheuma führte zu totaler Lähmung des ganzen Körpers.

Dies muß so um das 14. Lebensjahr gewesen sein.

Die von den verzweifelten Eltern zahlreich herbeigerufenen Ärzte zuckten die Achseln, murmelten etwas von »die Natur muß sich da selbst helfen«, und gaben den Jungen schnell auf.

Ein Jahr lang blieb er gelähmt.

Wahrscheinlich wurde aber gerade in dieser Trostlosigkeit des Dahinvegetierens der Schauspieler Gert Fröbe geboren.

In der trüben Dämmerung eines frühen Winterabends spielte er auf seinem einsamen Lager ein paar Sekunden lang ganz bewußt »tot«. Erst der entsetzte Aufschrei seiner Mutter riß ihn aus dem grausamen Spiel in die Wirklichkeit zurück.

In dieser Situation der Isolation glomm in dem verzagten Jungen auch jener Funken einer Religiösität auf, die ihn sein Leben lang nicht mehr verließ. Eine Art Lebensphilosophie, die mit seinen musischen Talenten und Ambitionen auf eine heimliche und doch sehr gegenwärtige Weise verbunden ist.

»Damals lernte ich beten«, erinnert sich Fröbe deutlich an jenes schwere Jahr seiner Kindheit. »Ich spielte sogar mit dem Gedanken, Pfarrer zu werden, falls ich geheilt würde.«

Offensichtlich wurden seine Gebete erhört, – Pfarrer ist er jedoch nicht geworden.

»Der liebe Gott hat mir wohl verziehen, daß ich mein Versprechen nicht eingelöst habe«, meint er und ein Schmunzeln überzieht sein Gesicht: »Ich bin eben als Komödiant geboren, und nicht als Geistlicher!«

Schauspieler – ein Gespött der ganzen Klasse

Längst ist heute der Arbeitervorort Planitz in Zwickau einge-meindet, was aber die Einwohner von Planitz immer noch stolz darauf sein läßt, daß dieser mittlerweile zum Weltstar gewordene Gert Fröbe kein Zwickauer sondern einer aus ihren Reihen ist: »Nee, nee, das iss een Planitzer!«

Wer in diesem Bergbauort Planitz ein weißes Hemd haben wollte, mußte es mindestens zweimal täglich wechseln. Auch Vater Karl-Otto Froeber legte großen Wert darauf, einen weißen Kragen zu tragen – in guten wie auch in schlechten Tagen.

Nach der Pleite seines Geschäftes, das den Wirren der Welt-wirtschaftskrise zum Opfer gefallen war, verdingte er sich als Stadtschreiber.

Das eher karge Salär reichte aber bald nicht mehr aus, die Familie ordentlich zu ernähren.

Mittlerweile war der Schüler Froeber bereits zu einer Größe von zirka 1,80 Meter emporgeschossen.

»Als ich so 17, 18 Jahre alt war, schämte ich mich meiner roten Haare und der Sommersprossen. Ich kam mir vor wie eine Witz-figur. Die Mädchen ließen mich reihenweise abblitzen. Ich habe richtig gelitten«, kann er heute über sein jugendliches Aussehen lachen. »Dann aber riß ich mich zusammen und stand zu meinem Äußeren. Im Laufe der Jahre wurde mir klar, daß nicht Schönheit allein im Leben wichtig ist. Auch häßliche Menschen können beliebt sein und geliebt werden. Bei Frauen sind ja bekanntlich auch nicht nur schöne Männer gefragt.«

Unter der Regie des aus Hollywood zurückgekehrten Gerd Oswald spielen zwei gewichtige Darsteller des deutschen Films jener Zeit (Gert Fröbe und Mario Adorf) in ›Am Tag, als der Regen kam/Lederjacken und heiße Rhythmen‹ (1959). Gert Fröbe ist der Arzt Dr. Albert Maurer, ein dem Alkohol verfallener, heruntergekommener Zeitgenosse.

Obwohl er alles andere als der Schönsten einer war, war er doch in seiner Art eine recht bemerkenswerte und auch bewunderte Erscheinung. Denn den Umstand, daß schon in der Tanzstunde immer eine Welle des Entsetzens durch die Reihen der Damen ging, wenn es galt mit Fröbe zu tanzen, machte er mit seinen musikalischen Fähigkeiten wieder wett.

Das Können des jungen Gert konnte sich in der Tat hören und sehen lassen: Schon seit früher Jugend spielte er bei der elterlichen Hausmusik Geige. Bereits mit 17 Jahren stellte ihn der *Rundfunksender Leipzig* als »beachtenswertes, musikalisches Talent« vor.

»Ich spielte die F-Dur-Romanze von Ludwig van Beethoven und sie hätten mich mal den ›Kanarienvogel‹ oder den ›Elfenreigen‹ spielen hören sollen.«

Bald war dieser Gert Fröbe in Zwickau und Umgebung als Stehgeiger stadtbekannt.

Mehrere Tage in der Woche »geichte« er im Zwickauer *Hotel Kaiserhof* und hatte bald auch andere Musiker um sich geschart. Als Gage bekam die Pennäler-Band für einen Nachmittag ganze acht Mark.

»Meine Lehrer wußten, daß es den Fröbes dreckig ging. Vielen anderen ja auch«, erzählt Fröbe aus seinem Leben. »Zum Beispiel der Familie meines Klassenkameraden Rudi Wolf. Wir beide durften daher mit Erlaubnis der Schuldirektion nebenher Musik machen.«

Ihre bunten Schülermützen allerdings mußten die beiden bei diesen Veranstaltungen oder wenn sie Plakate für ihre Auftritte klebten, zuhause lassen.

Mit seinen munteren Mannen spielte Fröbe in allen möglichen Etablissements. Sonntags waren es weniger die Plüschsalons, dafür meist Gartenrestaurants. Verregnete es mittendrin mal die Vorstellung war auch den Musikern die Petersilie verhagelt: »Da gab's kein Geld, sondern allenfalls einen übriggebliebenen Obstkuchen.«

Das nächste Mal wieder spielte die Band drei Nächte hindurch auf einer Bauernhochzeit. »Rudi und ich kippten die angebotenen

Schnäpse heimlich in die Blumentöpfe, sonst hätten wir das nicht überlebt.«

Bei einer solchen Bauernhochzeit fand auch Fröbes erste Begegnung mit dem Sexualleben statt. Allerdings rein theoretisch, denn die »lange dürre Latte« mit den brandroten Haaren wußte da noch nicht wo die Glocken hingen.

»Als sich das Brautpaar gegen Mitternacht verabschiedete und nach oben ging, durften Rudi und ich nicht mehr spielen«, erzählte Fröbe einmal. »Rund sechzig Personen mit stanniol-umwickelten Myrthensträußchen saßen mucksmäuschenstill da und lauschten gespannt. Plötzlich hörten wir über uns ein

Christian Wolff, Gert Fröbe, Sabine Sinjen und Rudolf Vogel in ›Alt-Heidelberg‹ (1959), einem Ernst-Marischka-Film nach dem mehrfach verfilmten Schauspiel von Meyer-Förster. Fröbes Rolle: Hauslehrer Dr. Jüttner.

rhythmisches Glockengeläut, das mit einem ›boing – boing – boing‹ begann, und dann in ein ›boingboingboing‹ überging. Einige junge Leute hatten den Hochzeitern nach altem Brauch eine Kuhglocke unters Bett gehängt. Daraufhin brach im Saal großes Hallo aus.«

Nur Fröbe fragte ganz perplex: »Warum lachen die denn so?« Dabei war er da schon achtzehn!

Mit zwanzig wußte dann auch der bislang keusche »rohde Geicher von Zwickau« – so Gerts Spitzname –. Bescheid. Dank emsiger Nachhilfebemühungen einer ebenso reichen wie reifen Frau, deren Name Kavalier Fröbe verständlicherweise immer verschwieg.

Oft erschien Schüler Fröbe im Maßanzug, gelegentlich sogar mit Smoking im Schulunterricht, wenn er wieder einmal bei einem Fest die ganze Nacht hindurch gespielt hatte und keine Zeit zum Umziehen geblieben war.

Gelegentlich leistete er es sich auch, dem Klassenprimus mit gönnerhafter Geste eine ganze Mark Trinkgeld zu geben und womöglich noch als Draufgabe ein Abendessen zu spendieren, wenn ihm dieser wieder einmal die Hausaufgaben fix und fertig am Dirigentenpult abgeliefert hatte.

Für so etwas konnte – und wollte wohl auch – der aufstrebende Künstler beim besten Willen keine Zeit verschwenden.

Verständlich, daß die Lehrer nicht immer mit seinen schulischen Leistungen zufrieden waren.

Auch seine Musik fand nicht immer ungeteilten Beifall: »Es muß Weihnachten 1930 gewesen sein«, erinnerte sich Gert Fröbe einmal in einem Interview mit dem Bayrischen Rundfunk. »Wir spielten im *Schützenhaus* in Oberhohendorf bei Zwickau. Am ersten Weihnachtsfeiertag ging alles glatt. Unsere Tanzmusik von nachmittags um vier bis nachts um zwei war ein voller Erfolg. Wir spielten Sachen wie *Der verliebte Bim-Bam-Bulla* und *Blutrote Rosen.*

Am zweiten Feiertag aber passierte es.

»Mein Pianist war auch zweiter Organist an der Marienkirche in Zwickau und mußte an diesem Tag an die Orgel. Somit fiel er bei mir aus.«

Ersatz konnte absolut keiner gefunden werden. Wer auch nur ein wenig Klavier klimperte, war über die Feiertage engagiert. So bat Fröbe seine Schwester Hanni, die zwar immer nur Konzerte, aber nie Tanzmusik spielte, ihm trotzdem auszuhelfen.

Nach einigem Hin und Her sagte sie eher widerwillig zu.

Die Besetzung an diesem Abend war kurios: Klavier, Geige und

›Special Delivery/Vom Himmel gefallen‹ (1955), eine deutsch-amerikanische Gemeinschaftsproduktion, die unter der Regie von John Brahm entstand. Das Bild zeigt Gert Fröbe und Lexford Richards.

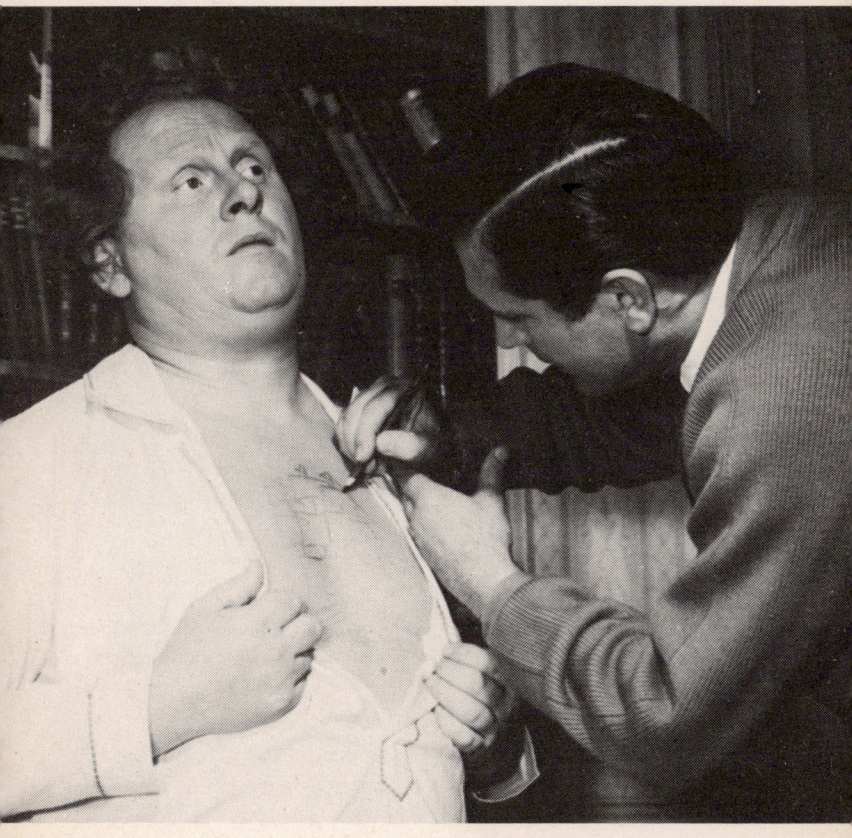

Schlagzeug. Der Vater des verhinderten Pianisten spielte noch Trompete und bediente mit den Füßen das Schlagzeug.

Es muß eine recht komische Kapelle gewesen sein, die mehr schlecht als recht versuchte, über die musikalischen Runden zu kommen.

Nun sind bei den Noten für Tanzmusik die Einsätze ganz anders als in denen für Konzerte. Schwester Hanni aber kannte nur Konzertnoten, und diese Tanznummern waren für sie böhmische Dörfer. »Sie war vollkommen hilflos und blickte sich oftmals fragend zu mir um. Ich deutete mit dem Geigenbogen, so oft es ging auf die Noten: ›Da gehts weiter‹!«

»So mußten wir mit den drei Stücken, die meine Schwester kannte, das ganze Programm bestreiten. Diese wiederholten wir ständig und schoben möglichst lange Pausen ein, um Zeit zu schinden.«

Aber alles half nichts.

Kein Wunder, daß die Tanzveranstaltung nicht in Schwung kommen wollte, das Publikum immer unzufriedener wurde und schließlich anfing zu murren. »Der Wirt fühlte sich verschaukelt und machte mit uns kurzen Prozeß. Er packte das Schlagzeug, schmiß es quer durch den Saal, und wir flogen in hohem Bogen raus«, berichtet Fröbe von diesem Auftritt. Und fügt hinzu: »In dieser Gegend habe ich nie wieder gespielt.«

Mittlerweile hatten sich in Deutschland, in der Weimarer Republik die Verhältnisse langsam normalisiert. Friedrich Ebert, der erste Reichspräsident starb und Hindenburg wurde nach einem zweiten Wahlgang sein Nachfolger. Adolf Hitlers *Mein Kampf* war erschienen, die Konferenz von Locarno mit Stresemann fand statt. George Bernhard Shaw hatte den Nobelpreis für Literatur erhalten, Franz Kafka war gestorben, Kolbenheyer schrieb den *Paracelsus*. Fritz Lang drehte *Metropolis,* Friedrich Wilhelm Murnau den *Faust* und Sergej Eisenstein *Panzerkreuzer Potemkin.* Rudolph Valentino, der große internationale Star des Films war gestorben – Jahre später sollte sich Gert Fröbe völlig zu Unrecht für kurze Zeit in dem Glauben wiegen, er werde mit diesem verglichen.

Der deutsche Film hatte für Gert Fröbe keine passenden Rollen. Zwischen zwei französischen Produktionen engagierte Rolf Thiele den Charakterdarsteller für ›Der tolle Bomberg‹ (1957). Kommerzialrat Mühlberg war allerdings eher eine komische Rolle.

In jenen Jahren lernte er auch die weniger musische Seite des Lebens kennen. Für 16, 40 Mark Wochenlohn mußte er während der Ferienmonate als Bleigießer in einer Maschinenfabrik schwer schuften.

Diese Zeit hat Fröbe nicht vergessen.

Trotz Welterfolgen und Supergagen macht er es sich immer wieder selbst zur Aufgabe, seinem Publikum möglichst nahe und verbunden zu sein.

Als er 1971 anläßlich des Firmenjubiläums einer Hamburger Fabrik ein Sondergastspiel gab, kommentierte er: »Ich bin nicht mit Kaviar groß geworden, sondern mit Heringen und grünen Knödeln. Der unmittelbare Kontakt mit dem Publikum ist mir wichtig. Ich will alle unterhalten, den Hilfsarbeiter ebenso wie den Chef. Wir Schauspieler sollten ohnehin wieder mehr unters Volk gehen.«

Die Zuschauer in der Betriebskantine trauten ihren Augen und Ohren nicht, als der große Star dann sein komisches Programm darbot.

Sie lagen vor Lachen förmlich unter den Tischen.

Jahrzehnte zuvor wurde er jedoch nicht an- sondern gehörig ausgelacht: Von seinen Klassenkameraden, als sie hörten, daß er sich mit dem Gedanken trage, Schauspieler zu werden.

»Für bürgerliche Verhältnisse war das damals noch kein ernsthafer Beruf, sondern höchstens ein Zustand«, erinnert sich Fröbe. »Meine Mitschüler wollten Jura und Medizin studieren oder Offizier werden. Mit meinem Berufswunsch wurde ich zum Gespött der ganzen Oberprima.«

Sogar sein Klassenlehrer, Professor Hahn, hegte da gewisse Bedenken. Bedächtig wiegte er den Kopf: »Froeber, Froeber«, sagte er, »ich will ja nicht an Ihrem Talent zweifeln. Aber Sie werden wohl mit dem Textbuch in der Hand auf die Bühne gehen müssen. Sie wissen doch selbst, Sie können sich nichts merken!«

Solche Bedenken kamen nicht von ungefähr, denn der Primaner glänzte im Unterricht nicht gerade durch das, was man ein gutes Gedächtnis nennt.

»Das lag nur an meinem Widerwillen gegen die Penne«, verteidigte er seine schulischen Leistungen später. »Die Schulzeit war mir eigentlich immer ein Greuel. Eine einzige Qual, denn ich haßte alle Zwänge.«

Wenn die Schüler Gedichte auswendig lernen mußten, empfand er auch dieses als schiere Paukerei und reine Schikane.

»Deshalb bin ich wohl auch zweimal sitzengeblieben und schlußendlich noch wegen Französisch durchs Abitur gerasselt. Ich hätte die Reifeprüfung zwar ein halbes Jahr später wiederholen können, aber zu diesem Zeitpunkt hatte ich bereits ganz andere Ambitionen.«

Als Fröbe dann später Schauspielunterricht nahm, lernte er schon in den ersten acht Tagen den ganzen *Mephisto* aus Goethes *Faust* auswendig: »Einfach deshalb, weil ich ihn lernen wollte«.

Trotzdem machte Gert Fröbe noch einige Umwege bis er Schauspieler wurde.

»Ist denn der Teufel auch noch ein Sachse?«

Gert Fröbes zeichnerisches Talent war und ist unverkennbar. Bereits im Realgymnasium in Zwickau war er bester Zeichner der Schule und erhielt zur weiteren Förderung seines Talentes in der Unterprima ein Stipendium von 150 Reichsmark.

Bekannte und Verwandte waren von seiner Malerei so begeistert, daß sie glaubhaft versicherten: »Dee Domahden, dee du mahlst, da mächte mer gleich neibaissen!«

Solche Begeisterung für seine Begabung machte ihm bei der Berufswahl einen Kompromiß leicht. Bald stand für ihn fest, daß der Beruf des Bühnenmalers für ihn ideal wäre: da konnte er schon mal Theaterluft schnuppern und erlernte ein krisensicheres Handwerk.

»Diesen Kompromiß habe ich vor allem meinen Eltern zuliebe geschlossen« sagte er mehrmals. »Denn ihnen war die Vorstellung, daß ihr einziger Sohn unter die Komödianten gehen wollte, anfangs recht unheimlich.«

Inzwischen hatte Fröbe auf der Kunstakademie in Dresden bei Professor Kreis vorgesprochen. Dieser schickte ihn zu Adolf Mahnke, dem Bühnenbildner des Sächsischen Staatstheaters.

In diesen Jahren war Deutschland außerhalb der Filmindustrie und des Theaterlebens bereits ein Hexenkessel. Die ›Harzburger Front‹ der Nazis und der Deutschnationalen wurde gebildet. Stalin betonte den Wert der Industrialisierung, Gandhi verhandelte in London, Hindenburg wurde abermals Reichspräsident.

Erich Maria Remarque veröffentlichte nach *Im Westen nichts Neues* nun *Der Weg zurück,* Fallada erregte mit *Kleiner Mann, was nun?* einiges Aufsehen, und Erich Kästner schrieb den *Fabian* – nach dem Krieg sollte dieser gleiche Kästner das aufstrebende Talent Fröbe in einem Beitrag für eine Zeitschrift treffend würdigen. Aber die großen Ereignisse, die sich in Deutschland durch Hitler bereits ankündigten, warfen für Fröbe keine erkennbaren Schatten voraus – er achtete auch ganz offenbar nicht darauf. Er wollte nur zum Theater, dem galt sein ganzes Streben und Interesse.

Mit dem 30. Januar 1933 waren die Nazis an die Macht gelangt, und Goebbels wurde ›Reichsminister für Volksaufklärung und Propaganda‹. Im gleichen Jahr entstand in Berlin der Film *Hitlerjunge Quex* und Fritz Lang gestaltete *Das Testament des Dr. Mabuse* – einen Film der später als anklagende Vorschau des gangsterhaften Nazismus interpretiert wurde. Natürlich konnte jetzt noch niemand ahnen, daß ausgerechnet dieser Fröbe in mehreren Filmen dieser Reihe viele Jahre später mitspielen sollte.

Die braunen Wehrmachtserneuerer gründeten die *Gestapo,* Bücherverbrennungen fanden statt, und im November des Jahres 1933 wurde bei den ersten Reichstagswahlen im Ein-Parteien-Staat dir NSDAP als einzige zur Wahl stehende Partei mit 92% der Stimmen gewählt.

Auch der Schauspieler Gert Fröbe hat dieser Partei angehört, denn unmittelbar nach dem Krieg bekam er Auftrittsverbot wegen »politischer Unzuverlässigkeit«, und in Israel wurde 1965 deshalb der Welterfolg *Goldfinger* einige Zeit verboten.

Zu Beginn seiner Lehre als Bühnenmaler am Staatstheater Dresden hatte Fröbe im Oktober 1953 freilich andere Sorgen.

Als er die häusliche Geborgenheit verließ, machte er einige Erfahrungen, die ihm bisher erspart geblieben waren, die aber für sein weiteres Leben ausschlaggebend sein sollten.

Im ersten Jahr verdiente er zwanzig Mark pro Monat, seine winzige schäbige Bude aber kostete »kalt« schon lockere 21 Mark.

»In meiner Dresdner Zeit verdiente ich oft so wenig, daß ich monatelang in der öffentlichen Volkswohlfahrt für 30 Pfennige zu Mittag essen mußte«, erinnert sich Gert Fröbe an sein Brot der frühen Jahre.

In der Manteltasche trug er ein Eßbesteck aus Aluminium, damit er nicht auch noch Löffel und Gabel ausleihen mußte.

»Wann immer es möglich war, setzte ich mich bei der Ausspeisung an den hintersten Tisch, mit dem Gesicht zur Wand. Der Anblick des Elends hat mich maßlos depremiert.«

Den lebensrettenden Tip gab ihm sein Professor Adolf Mahnke: »Du mußt Dir eine Freundin anschaffen, deren Vater Bäcker ist. Und als Zweit-Freundin am besten eine Metzgerstochter. Als ich Student war, machte ich es ebenso und bin recht gut damit gefahren.«

Zumindest in diesem Punkt übertraf der Lehrling bald seinen Meister.

Fröbe gewann das Herz einer Gastwirtstochter und hatte damit alles auf einmal: bei des Wirtes Töchterlein ging er nicht nur aus und ein, sondern konnte auch nach Herzenslust essen und trinken.

»Aber das hatte nichts mit Berechnung zu tun. Die Grete war wirklich meine erste große Liebe«, betonte Gert Fröbe später.

Während der Ausbildung zum Bühnenbildner wurde auch das Maltalent neuerlich goutiert: eines seiner Bilder erhielt den *Sächsischen Staatspreis für Malerei* und wurde vom Dresdner *Hotel Johannishof* gekauft.

Auf ausdrücklichen Wunsch des Künstlers, durfte dieser sein Honorar von der Tageskarte »Heute besonders zu empfehlen« sozusagen »bissenweise« abessen.

Am Theater stürzte sich der Volontär mit Feuereifer auf seinen neuen Aufgabenbereich. Bald war er drauf und dran, mit einem Schlag berühmt, genauer gesagt, berühmt-berüchtigt zu werden.

Eines Tages bekam er den Auftrag mit Schwarzpulver einen Kanonenschlag für einen kleinen Theaterdonner zu basteln.

»Sicher ist sicher«, dachte Fröbe, und meinte es mit dem Publikum besonders gut: für ihr Geld sollten die Leute auch etwas ordentlich zu hören bekommen.

Er nahm einfach ein paar Körnchen mehr.

Es muß einiges mehr gewesen sein, und der Kanonenschlag verfehlte seine Wirkung nicht.

Bei der Generalprobe detonierte der Sprengkörper recht lautstark und eindrucksvoll. Die Schäden waren »unübersehbar«, so daß die Premiere gleich um drei Tage verschoben werden mußte.

Kleinlaut verdrückte sich der kühne Bastler in die Kulissen

und nahm sich vor, dieses Mißgeschick möglichst schnell wieder auszubügeln.

Dazu sollte er schon bald eine Gelegenheit bekommen, die von großer Bedeutung für seine Karriere als Schauspieler werden sollte.

Für ein Programmheft mußte er den Generalintendanten des Sächsischen Theaters porträtieren. Fröbe, der noch immer den Wunsch hegte, nicht nur beim Theater zu arbeiten, sondern

Gert Fröbe als Importen-Paul, den Vorsitzenden des Sparvereins »Biene« mit Ilse Pagé in ›Ganovenehre‹ (1966).

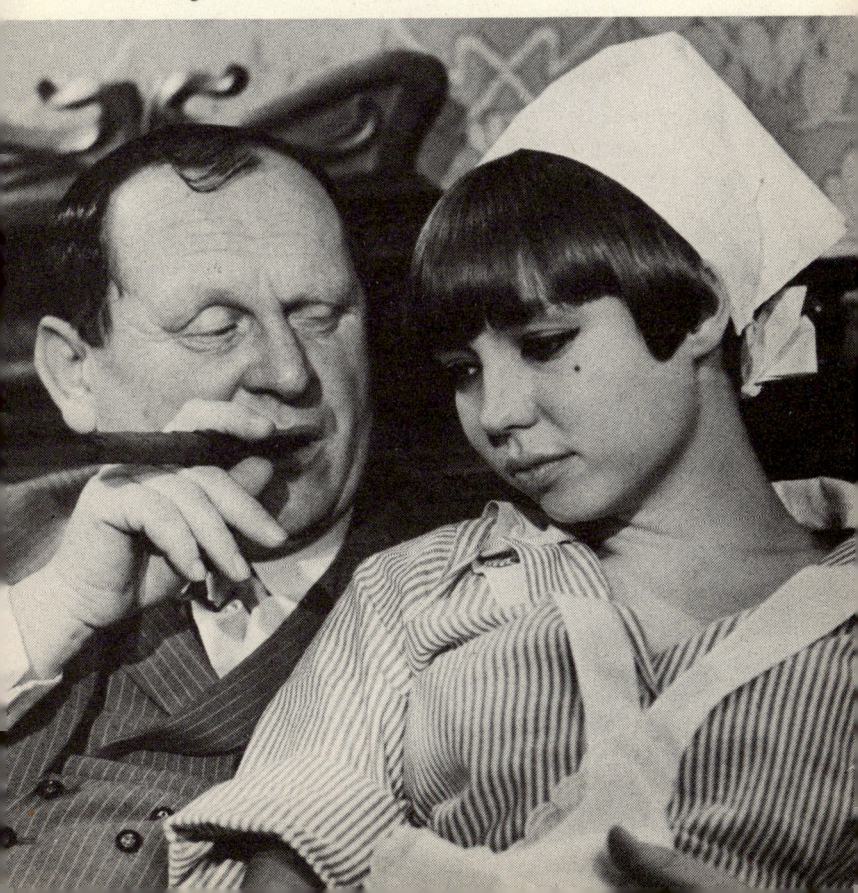

selbst Schauspieler zu werden, faßte sich ein Herz, und trug dieses Anliegen dem einflußreichen Herren vor.

Erich Ponto, nicht nur ein bekannter und begnadeter Schauspieler, sondern auch eine Autorität und so etwas wie eine theatralische Großmacht hatte Verständnis und sagte durchaus aufmunternd: »Nun, junger Freund, dann zeigen Sie doch mal was sie können!«

Diese Begegnung vermag Gert Fröbe genau zu rekonstruieren – er hält sie immer noch für eine der wichtigsten seines Lebens. Somit ist es nicht weiter verwunderlich, daß er nahezu noch jeden Satz weiß und sich an jede erdenkliche Einzelheit dieser für ihn sozusagen historischen Begebenheit erinnert.

Aufgefordert sein Können zu zeigen, sprang er mittenhinein ins volle Bühnenleben, so wie *er* es verstand: Er deklamierte den *Mephisto* aus Goethes *Faust* – im schönsten Sächsisch.

Der Kristallüster muß bestimmt gebebt haben – vorausgesetzt es befand sich dort einer!

Etwa fünf Minuten lang muß Erich Ponto sich das angehört haben, bis er entsetzt rief: »Hören Sie auf, hören Sie bloß auf! Ist denn der Teufel auch noch ein Sachse!«

Und zu dem verdutzten Gert Fröbe gewandt: »Talent und Temperament sind zweifellos vorhanden. Aber ich glaube, Sie sind wohl mehr zum Komiker geboren. Dieses Sächsisch allerdings müssen Sie sich am Theater abgewöhnen.«

Jahre danach amüsiert Fröbe sich noch über diesen Auftritt: »Dem hab' ich vielleicht einen Mephisto hingelegt, der liegt heute noch dort.«

Ponto begann Fröbe zu unterrichten.

Einmal lud er ihn sogar zu sich nach Hause ein und stellte ihn seiner Frau mit den Worten vor: »Das ist Gert Fröbe, ein junger Valentin.«

»Ich stutzte und traute meinen Ohren nicht. Von einem Valentin hatte ich im heimatlichen Planitz nämlich noch nichts gehört. Was wußte man damals im Erzgebirge schon vom Münchner Kabarett! Aber den berühmten Hollywoodstar Rudolph Valentino, den hatte ich schon im Kintopp gesehen, der war mir bekannt.«

Der »häßliche Vogel« Fröbe konnte sich nun aber absolut nicht vorstellen, weshalb Ponto gerade ihn mit diesem ausgesucht schönen Mann verglich.

Aber jung wie er nun mal war, dachte er: »Sieh mal an, wenn Ponto mich mit diesem Valentino vergleicht, bin ich vielleicht doch nicht gar so unansehnlich!«

Dieser Anfall von Eitelkeit allerdings ging schnell wieder vorbei. Bald erfuhr Fröbe, wer dieser Valentino war, von den er zunächst angenommen hatte, daß Ponto nur das ›o‹ verschluckt hätte.

»Bald stellte ich auch fest, daß dieser Vergleich noch weit schmeichelhafter für mich war, wenn auch auf andere Weise.«

Rund zwölf Jahre aber sollten noch vergehen, bis Fröbe dem berühmten skurrilen Komiker in München begegnete.

Der Unterricht bei Ponto dauerte einige Monate und brachte den lernbegierigen Gert Fröbe ein ganzes Stück voran. Sein Lehrer fand Gefallen an ihm und hielt schon bald große Stücke auf seinen Schüler.

Als Ponto an's *Berliner Theater* berufen wurde, nahm er Fröbe mit, war jedoch in Berlin bald so sehr beschäftigt, daß er seinen Schützling an Paul Günther weiterempfehlen mußte.

Zu dessen berühmt gewordenen Schülern zählt auch Curd Jürgens, der den Unterricht bei Berlins bestem Privatlehrer so beschreibt: »Er wohnte in einem bescheidenen Reihenhaus in Klein-Machnow. Wenn er unterrichtete lag er auf der Couch, neben sich auf dem Boden eine Flasche Rotwein. Das Glas stellt er nur ab, um sich Zigaretten zu drehen. Abends spielte er am *Schillertheater* den Questenberg in Schillers *Wallenstein*. Vor oder nach meiner Unterrichtsstunde begegnete ich oft einem rothaarigen Sachsen, der Komiker war und es bis heute geblieben ist – Gert Fröbe.«

Der weißblonde Paul Günther gab seinen Schülern nicht nur Schauspielunterricht, sondern auch Verhaltensregeln: »Meckern Sie nicht gegen das Régime, lassen Sie sich nichts zu schulden kommen, dann brauchen Sie auch nicht mit ›Heil Hitler‹ zu grüßen! Uns Künstlern verzeiht man das.«

Im gleichen Jahr hatte eine Volksbefragung die Politik Adolf Hitlers mit 99% der Stimmen gebilligt, im Spanischen Bürgerkrieg wurde die *Legion Condor* eingesetzt, in Berlin waren die *Olympischen Spiele* eröffnet worden und Reichsminister Goebbels hatte jegliche Kunstkritik untersagt.

All das berührte Gert Fröbe recht wenig, da für ihn nur wichtig war, daß er konnte, was er wollte: Theaterspielen.

Nach nur fünfmonatigem Schauspielunterricht bei Paul Günther erfüllte sich sein sehnlichster Wunsch: endlich stand er auf den Brettern, als Schauspieler vor Publikum.

Seinem ersten Engagement in Wuppertal folgte bald ein weiteres in Frankfurt.

Ein Jahr später verschlug es ihn an das *Deutsche Volkstheater* in Wien unter der Leitung von Bruno Iltz.

Dort war eine Schar vielversprechender Künstler zusammengekommen: O. W. Fischer als jugendlicher Liebhaber, Curd Jürgens als jugendlicher Held, Paul Hubschmid als jugendlicher Naturbursche und Gert Fröbe als jugendlicher Komiker.

Damals alles noch wenig glanzvolle Namen, die von viel bekannteren Darstellern umgeben waren: Paula Wessely, Karl Skraup, Annie Rosar. Alles achtbare Schauspieler, die geradezu schon Institutionen waren.

Mittendrin der lange, hagere Komiker Fröbe.

»Wir waren zu dieser Zeit noch ziemliche Hungerleider«, denkt Gert Fröbe an die Wiener Theaterjahre. »Ich erinnere mich noch sehr genau daran, daß mir Curd Jürgens einmal einen Anzug geliehen hat. Wir sind ja beide etwa gleich groß und hatten damals auch noch eine recht ähnliche Figur. Nur um die Schultern herum saß mir das Sakko etwas locker.«

Dies wäre heute undenkbar, da Fröbes Taille jetzt mehr als stolze 130 cm Umfang mißt.

Damals in den Jahren 1938/39 war in Deutschland schon ziemlich alles endgültig reformiert – auch die Filmindustrie. Die *Olympischen Spiele* der Leni Riefenstahl waren, formal gesehen recht beachtlich ausgefallen. *Burgtheater* unter der Regie von Willi Forst und mit Werner Krauß war bereits als Kunstwerk gefeiert worden – auch *Der alte und der junge König,* von Steinberg inszeniert, und *Der Berg ruft* von und mit Luis Trenker.

Führer Adolf hatte Österreich schon »heim ins Reich« geholt, und sehr bald sollte auch in der Donaumetropole alles recht »total« werden.

Sehr bald auch feierte Willy Birgel mit … *reitet für Deutschland* große Erfolge und alles, was im Theater und Film gebracht wurde, stand unter der Firmierung ›Deutschland; Deutschland über alles‹.

Trotz des braunen Zeitgeistes war Wien immer noch eine durchaus gemütliche Stadt, in der man es sich da und dort »a bisserl richten konnte.«

Bis auch das nicht mehr ging.

Der Krieg kroch seinem Endstadium entgegen – auch Gert Fröbe merkte das instinktiv. Denn so gering auch seine Fähigkeiten in jener Zeit gewesen sein mochten, politisch zu denken – zeitbedingte Zusammenhänge hat er durch ein recht gesundes Reaktionsvermögen und hellwachem Verstand immer erkannt.

Trotz der immer absurder werdenden Weltszenerie interessierte sich Fröbe überwiegend für sein Theater, das ihm durchaus schöne Rollen bescherte.

Seine Erfolge bei Publikum und Kritik waren so groß, daß ihn schließlich auch das ehrwürdige *Wiener Burgtheater* in sein erlauchtes Ensemble holen wollte.

Gert Fröbe hatte den unterschriebenen Vertrag bereits in der Tasche, doch es kam anders.

Der Krieg befand sich bereits in der letzten Runde – die Invasion war mit der Landung der Alliierten gelungen, und Rußland war nach der Schlacht von Stalingrad für die Großdeutsche Wehrmacht so gut wie verloren, das ›Tausendjährige Reich‹ ging seinem unrühmlichen Ende entgegen und der Krieg wurde schließlich noch totaler.

Am 1. September 1944 sperrten die Theater zu, was den sarkastischen Witz – natürlich hinter vorgehaltener Hand – zirkulieren ließ: »Mein Führer, die deutschen Theater stehen geschlossen hinter Ihnen!«

Gert Fröbe mußte, wie unzählige seiner Landsleute auch, zur Wehrmacht einrücken, um im ›Kampf fürs Vaterland‹ seinen Mann zu stehen.

Fortan war die feldgraue Uniform sein einziges Kostüm.

Als Sanitäter pflegte er im *Krankenhaus der Barmherzigen Brüder* in Wien Verwundete und Kranke.

Das einzige, was er damals spielen konnte, war zum Christfest den Weihnachtsmann für die ganze Kompanie.

Zu dieser Zeit wäre er auch beinahe ›ein echter Wiener‹ geworden, denn er begegnete einer großen Liebe, einer bildschönen Tänzerin. »Durch die Begegnung mit dieser feinen und kultivierten Frau ist mir Wien richtig ans Herz gewachsen, und ich habe Österreich von seiner schönsten Seite kennengelernt.«

Jahre später lernte der Sachse von Format das andere Österreich kennen.

Für ein Spezialkrankenbett, das Menschenfreund Fröbe mit viel Mühe und noch mehr Geld für eine schwerkranke Freundin aus Paris nach Wien schicken ließ, sollte er doch wirklich und wahrhaftig 10.000 österreichische Schilling Zoll bezahlen.

Fröbe stürmte das Finanzministerium.

Er versuchte den Beamten den an sich klaren Fall zu erklären, wurde von Pontius zu Pilatur geschickt. Endlich fühlte sich jemand zuständig. »Und was glauben Sie, hat der gesagt?« Fröbes Gesicht wird dabei immer noch rot vor Zorn. »Der schaut mich von oben bis unten an und sagt dann träge: ›Se san doch der Fräbe? – Gehn's hern's, zahln's! Dann ham's a Ruah und die Sach' is erledigt!‹«

Um seine ohnmächtige Wut abzureagieren, ging Fußballfan Fröbe zu einem Match ins Wiener Stadion und erlebte dort erstmals österreichische Fußballfanatiker: chauvinistisch, unfair und ordinär.

Zwei Millionen Schilling waren bereits für eine Traumvilla in Wien – Mauer anbezahlt, aber nach diesen schlechten Erfahrungen wollte er nicht länger in der Alpenrepublik bleiben.

»Hier kann ich doch nicht meinen Lebensabend verbringen. Erst die Geschichte mit dem Bett und dann noch der Fußball. Ich – meine Zwei Millionen genommen und gesagt: Nu, leckts' mich am Arsch – so kann man doch nicht leben!«

Fazit: Weltstar Gert Fröbe hat seinen Wohnsitz nicht auf der ›Insel der Seligen‹ und denkt auch nicht daran, ihn je dorthin zu verlegen.

»Hauptsach ist, daß du a Narr bist!«

Noch bevor Gert Fröbe zu den Endsieg-Kriegern einrücken mußte, hatte er in dem Film *Die Kreuzlschreiber* (mit dem österreichischen Komiker Rudolf Carl) eine allerwinzigste Rolle gespielt. Besser: er war mit großem Schlapphut an der Kamera vorbei durch das Bild geschlichen.

Nirgendwo ist die Mitwirkung Fröbes vermerkt, der Film gelangte auch vor Kriegsende nicht mehr zur Aufführung und wurde erst 1953 – von der sowjetzonalen DEFA umgeschnitten – in die Kinos gebracht – im Fachjargon ein sogenannter ›Überläufer‹.

Es ist auch ein Film von keinerlei großartiger Bedeutung, eine jener Produktionen, die sich die Filmleute damals einfielen ließen, um das Ende des »braunen Spuks« möglichst glückhaft zu überstehen. Denn ›mit möglichst heiler Haut davonkommen‹ war die Devise.

Deshalb wurde auch in der Nähe des Großglocknermassivs gedreht, weil viele Filmproduktionen möglichst weit weg von Berlin oder Wien drehten, da dort Team und Ausrüstung vor den gnadenlosen Bombardements der Alliierten relativ sicher sein konnten.

Die Musik zu dem Streifen *Die Kreuzlschreiber* schrieb – wie auch zu 120 anderen Tonfilmen – der Komponist Werner Bochmann. Und die Begegnung mit diesem Mann – ebenfalls Sachse wie Fröbe – sollte für den Schauspieler schon bald von ausschlaggebender Bedeutung sein.

Komponist Werner Bochmann, so alt wie unser Jahrhundert und bekannt durch seine Evergreens wie *Die kleine Stadt will schlafen gehen, Heimat, deine Sterne* oder *Der Theodor im Fußballtor,* erinnert sich an das Zusammentreffen: »Ich sah Gert Fröbe bei den Dreharbeiten zum ersten Mal, kannte weder ihn noch seinen Namen. Er fiel mir auch nicht in dieser winzigen Rolle auf, sondern vielmehr dadurch, daß er am Sonntag am Eingang der Kirche saß und stets das gleiche Motiv malte: Kinder, Frauen und Männer in ihren wunderschönen Trachten, auf dem Weg zum Gottesdienst.«

Als die ›ruhmlose Epoche‹ blutig endete und wortwörtlich alles in Scherben gefallen war, brachte das Schicksal die beiden Männer wieder zusammen. Im März 1945, als die sowjetischen Armeen den Ring um die Reichshauptstadt Berlin immer enger zogen und der Kampf um jede Häuserzeile tobte, war es dem Komponisten gelungen, in sein Haus im bayerischen Schliersee zu entkommen. Dort wollte er nach Kriegsende den Neubeginn abwarten.

Eines Abends klopfte es nachhaltig an der Tür des idyllisch, aber einsam am Waldrand gelegenen Hauses.

»In der Tür stand ein großer, hagerer Mann mit dem Uniformrock eines Sanitäters«, erzählt Werner Bochmann. »Er sagte, er wisse nicht wohin, hätte meine Adresse erfahren und gedacht, er könne vielleicht hier in den Bergen Unterschlupf finden. Im ersten Augenblick erkannte ich den Besucher gar nicht. Als wir jedoch auf unsere erste Begegnung zu sprechen kamen, stellte sich schnell heraus, daß es dieser Gert Fröbe war.«

Die Situation im besetzten Nachkriegs-Deutschland war alles andere als rosig: das Land versank im Chaos, die totale Verzweiflung herrschte überall. Schutt und Asche, rauchende Ruinen, kaum Verpflegung – es schien ein Leben ohne Zukunft zu sein.

Und dennoch: die verzweifelten, geschundenen, ausgemergelten Menschen begannen mit Zähigkeit und Verbissenheit ihr neues Dasein zu gestalten.

So auch Gert Fröbe.

Fürs erste konnte er bei Werner Bochmann, in dem drei Zimmer kleinen Landhaus unterkommen, er ›mietete‹ sozusagen ein Zimmer. Was heißt hier mietete: Bochmann stellte es ihm zur Verfügung, denn wie Millionen andere Deutsche auch, hatte Fröbe natürlich nichts, womit er hätte bezahlen können. Geld wäre zudem in dieser Zeit ohnehin so gut wie wertlos gewesen.

Während die beiden Sachsen – Bochmann ist in dem nur 15 Kilometer von Zwickau entfernten Meerane geboren – noch beratschlagten wie ein eventueller Neubeginn möglich wäre, stöberte sie in dieser Einsamkeit hoch droben am Berg ein amerikanischer Besatzungsoffizier auf.

Kaum zu fassen: dieser Mann, der den Namen des Komponisten durch seine Film-Musik zu einer amerikanischen Produktion mit Stewart Granger kannte, machte sich in dieser chaotischen Zeit Gedanken, wie er einerseits dem Künstler zu neuem beruflichen Anfang verhelfen und andererseits den Ärmsten der Armen, die immer noch in Lazaretten lagen, ein wenig Freude bereiten könne.

Schon kurz darauf spielte Werner Bochmann – weiß der Himmel, wo plötzlich dieses intakte Klavier herkam – im Lazarett von Miesbach seine Evergreens. Ein Mann mit recht bemerkenswertem musikalischen Talent, der später als ›singender Schneidermeister vom Schliersee‹ lokale Bekanntheit erlangte, sang, und Gert Fröbe trug in seiner ureigensten Art Gedichte von Schiller und Ringelnatz vor.

Bald schon hatte die kleine Künstlertruppe so etwas wie ein Programm zusammengestellt und begann in der näheren und weiteren Umgebung von Schliersee in ungeheizten Wirtshaussälen und zusammengezimmerten Hinterhofbuden aufzutreten.

Die zuständigen Dienststellen der Amerikaner machten keine Schwierigkeiten, und was Bochmann und Fröbe kaum zu hoffen wagten, geschah: Publikum fand sich ein, zeigte sich animier- und begeisterungsfähig. »Als das erste, befreiende Lachen aufkam, empfanden wir ein großes Glücksgefühl«, erinnerten sich die Künstler später einmal.

Geld ging bei solchen Veranstaltungen kaum ein – es wäre auch kaum von Wert gewesen. Dagegen freuten sich alle wie die Kinder über mitgebrachte Naturalien wie Eier, Kartoffeln – und wenn es einmal besonders hoch kam, sogar ein Stückchen Schinken. »Unsere erste Gage ist mir noch sehr gut in Erinnerung«, beschreibt Werner Bochmann die Situation in dieser Zeit. »Es war ein Kilo Würfelzucker und ein Liter Himbeersaft. Für damalige Verhältnisse geradezu unbezahlbar.«

Und noch etwas war in dieser Zeit der ›Camel – Währung‹ gegen

Geld nicht zu bekommen: Zigaretten. Zwar versuchten sich auch die Einheimischen im Tegernseer Tal in der Kunst des Tabak-anbaues. Aber das einzige Ergebnis solch bayerischen Tabak-pflanzens, war ein entsetzlich stinkendes Kraut, das keiner rauchen konnte.

Lediglich die Besatzungsmacht verfügte über brauchbare, rauchbare Zigaretten.

Um an diese sehr begehrte Währung, die vielen geradezu als unerschwingliche Köstlichkeit erschien, heranzukommen, verfiel Fröbe auf die Idee sein zeichnerisches Talent einzusetzen.

Er stellte sich auf dem Hauptplatz vor die Kirche und zeichnete den souvenir-begeisterten Amis entweder ihr Konterfei auf Briefbögen oder die landschaftliche Idylle: links die Kirche, gegen-über die Brecherspitze, dazwischen der See.

So ein kleines Kunstwerk kostete nur wenige Minuten Arbeit und brachte je nach Motiv fünf oder mehr Zigaretten, oder was die Herrschaften halt so geben wollten.

Die Amis standen Schlange und Fröbe konnte schon bald seine Zigaretten gegen ›Care-Pakete‹ eintauschen.

In diesen Wochen und Monaten muß es sich auch ergeben haben, daß Werner Bochmann seinen Freund Fröbe ganz beiläufig auf Christian Morgenstern und dessen Werke hinwies, die Fröbe heute immer wieder mit großem Erfolg zu rezitieren pflegt.

Vorerst aber fragte Fröbe frappiert: »Wer oder was ist das, bitte?«

Bochmann, der Morgenstern schon seit seiner Schulzeit kannte, erklärte es ihm und Fröbe fand – wie man weiß – sehr schnell großen Gefallen daran.

Der Nachkriegswinter 1946/47 wurde bitterkalt, zu einem der kältesten in Deutschland. Die Berliner hackten den Tierpark kurz und klein, ganze Holztreppen aus bombengeschädigten Häusern wurden verfeuert und oft versuchten die frierenden Menschen ihre Wohnungen mit Büchern und ganzen Lexika-Bänden auf wenigstens einige Wärmegrade zu bringen. Erstmals seit Menschengedenken fror die Elbe zu – und in dieser mör-derischen Kälte drehte Helmut Käutner auf dieser Eisplatte

Szenen seines ersten Nachkriegs-Episodenfilms *In jenen Tagen*.

Ein anderer Regisseur, der sich während des Dritten Reiches auf Lustspiele, auf leichte Sachen, die er meisterhaft zu inszenieren verstand, beschränkt hatte und bis Kriegsende große Erfolge mit Filmen mit Jenny Jugo hatte, war nun Chef der Kammerspiele in München geworden: Erich Engel.

Er engagierte Gert Fröbe.

Was es aber hieß, Schauspieler in jenen Tagen zu sein, erfuhr das Theaterensemble sehr bald.

Denn von den wenigen, die es gibt, ist nach Meinung der Besatzungsmächte, die Listen um Listen anfertigten, nur die Hälfte ›tragbar‹. Die anderen sollen sich erst einmal rechtfertigen, müssen erst ›entnazifiziert‹ werden.

So auch Gert Fröbe, der – sonst hätte er wahrscheinlich keine Nummer in der Reichstheaterkammer bekommen – in der NSDAP gewesen sein muß. Ohne eine solche Nummer konnte während der Nazi-Zeit an deutschen Theatern niemand spielen, außer er hatte eine Sondergenehmigung von Minister Goebbels, der diese natürlich nur sehr wenigen prominenten Darstellern gewährte.

Und das war Fröbe zu dieser Zeit ganz gewiß nicht.

Deshalb hatte er nun, ebenso wie einige andere Schauspieler auch, Schwierigkeiten mit den Spruchkammern.

Die Theaterproben zu Shakespeares *Storm* mußten abgebrochen werden und Fröbe tauchte bis zur Klärung seiner ›ideologischen Zuverlässigkeit‹ und ›weltanschaulichen Säuberung‹ vor zwei Spruchkammern – einer deutschen und einer alliierten – auf einem Gutshof in Bayern unter.

Dort verdingte er sich als Schweizer und Gutsverwalter, in den Bergen bei Ruhpolding, molk Kühe und war einige Zeit ganz und gar nicht unglücklich: »Ich konnte mir jeden Morgen im Stall die Milch beim Melken kuhwarm in den Mund spritzen.«

Kaum aber ist er ›entnazifiziert‹, ist sein Auftrittsverbot aufgehoben, zieht es ihn wieder von der Kuh zur Kunst und von der Milch zur Muse.

Mittlerweile hatte in Deutschland das Kabarett wieder eine Chance, in München schossen die »literarischen Bruchbuden« wie Pilze aus dem Boden. Vom *Gonghaus,* über den *Bunten Würfel,* den *Bühnenclub* bis hin zum *Simpl,* der sein Domizil gegenüber dem weltbekannten *Münchner Hofbräuhaus* am Platzl hatte. Das sollten Fröbes allererste Stationen seiner Neuentdeckung werden.

Regisseur Robert A. Stemmle, damals künstlerischer Leiter des Kabaretts *Gonghaus,* erinnerte sich einmal in einem Brief an Fröbe: »...als Sie nach Kriegsende in München als entlassener Sanitätsgefreiter, noch mit der Rotkreuzbinde am Ärmel des grauen Rockes auftauchten, da entwickelten Sie eine Idee und führten diese auch konsequent aus.

Sie erschienen mit einem Handwagen, den Sie hinter sich herzogen, luden vier kleine griechische Säulen ab, die als Begrenzung ihrer Bühne gedacht waren, holten irgendwoher Requisiten und Andeutungen zu Ihrer Verkleidung hervor und begannen sich zu produzieren. Sie führten Soloszenen mit Clownerie auf, spielten Pantomimen und rezitierten Gedichte von Brecht, Christian Morgenstern und Ringelnatz, stellten unter anderem eine vorsichtig ausschlüpfende Schnecke dar und machten den Gesang der Fische mimisch sichtbar. Das alles ergab einen bunten, dramatisch-literarischen Bilderbogen im Alleingang. Das war unsere erste mich stark beeindruckende Begegnung.«

Kabarett in dieser Nachkriegszeit bedeutete viel, sehr viel sogar. Die Zuschauer konnten für eine halbe Stunde oder Stunde vergessen, wie es in Wirklichkeit aussah, konnten vergessen, daß man entsetzlich fror, hungerte und ohnedies niemand wußte, ob er morgen oder übermorgen noch leben würde.

Überhaupt – in diesen Monaten wurde viel gestorben.

Tausende, Abertausende gingen in Deutschland zugrunde – an Hunger und Kälte, an den Nachwirkungen des Krieges. Aber überall auf der Welt starben sie. Darunter viele Prominente des Theaters und des Films, als hätten sie nur darauf gewartet, daß dieses entsetzliche Inferno vorüberginge, daß dieser wahnsinnige Diktator Hitler verschwände und nun alles wieder gut würde.

Am letzten Tag des Monats November 1947 stirbt Ernst Lubitsch in Hollywood. Die deutschen Filmleute nehmen es mit großer Trauer zur Kenntnis. Einer der Großen, der ganz Großen des Films ist nicht mehr.

Im Januar 1948 wird in Neu-Delhi Gandhi ermordet, als er auf dem Weg zu einer Gebetsversammlung ist. In London stirbt der Tenor Richard Tauber, fünfundfünfzigjährig an Lungenkrebs und ein paar Wochen später, Anfang Februar stirbt eine Filmgröße von internationalem Rang: Sergej M. Eisenstein, Schöpfer des *Panzerkreuzers Potemkin* (1925). Aus Paris hört man, daß Jacques Feyder gestorben ist, Regisseur unzähliger Stumm- und Tonfilme, der Mann von Françoise Rosay.

Und am Rosenmontag stirbt in München der asthmakranke Komiker Karl Valentin an einer Lungenentzündung.

Noch kurz vor seinem Tode, mehr als zwölf Jahre nachdem Erich Ponto seinen Schüler Fröbe mit Valentin verglichen hatte, hatte, begegneten sich die beiden persönlich.

Es war in der Sylvesternacht 1947/48. Theo Prosl, Besitzer des *Simpl* hatte Fröbe angesprochen: »Du Gert, ich mach da eine große Sylvesterveranstaltung. Karl Valentin wird zum ersten Mal nach dem Krieg wieder auftreten. Willst Du da nicht mitmachen?«

Und ob er wollte!

Das war er wieder, dieser Name Valentin. Und diesmal wußte Fröbe genau, sehr genau, wer damit gemeint war.

»Zwar hatte ich für diese Nacht schon vier aufeinanderfolgende Auftritte in Restaurants und Vereinen zu je 250 Reichsmark abgeschlossen, und für 1000 Reichsmark gab es immerhin schon ein Kilo Butter. Aber das ließ ich sofort sausen. Ich spielte ohne Gage, nur um mit Karl Valentin aufzutreten. Mit ihm in einem Programm zu sein, war schließlich eine ganz besondere Ehre.«

Als Fröbe abends zur Vorstellung in den *Simpl* kam, wollte er natürlich sofort zu Valentin, um ihn endlich persönlich kennenzulernen. Doch man ließ ihn nicht, erklärte ihm, daß der Komiker mit seiner Partnerin Liesl Karlstadt in seiner Garderobe direkt unter der Bühne sei und furchtbar aufgeregt wäre.

Zum besseren Verständnis: dieser Vollprofi eines Kabarettisten hatte zeit seines Lebens vor jedem seiner Auftritte entsetzliches Lampenfieber.

»Ich kann ihn verstehen«, sagt Gert Fröbe, »denn mir geht's genauso. Deshalb ließ ich ihn auch ungestört.«

Gert Fröbe trat unmittelbar vor Karl Valentin und Liesl Karlstadt auf – er rezitierte Gedichte, unter anderem bereits auch von Morgenstern. Bei seinem Abgang tobte das Publikum vor Begeisterung, trampelte mit den Füßen, klatschte im Takt und schrie den Namen, den sie erst im Programmheft hatten suchen müssen: »Frö-be, Frö-be, Frö-be!«

Wie muß das wohl in Valentins kleinem Stübchen unter der Bühne geklungen haben?

»Was ich machte, war den Leuten offensichtlich vollkommen neu, und sie gerieten vor Begeisterung ganz aus dem Häuschen. Als ich naßgeschwitzt von der Bühne ging, sah ich Karl Valentin mit großen, erstaunten Augen in den Kulissen stehen. Um Mitternacht, als auch sein Auftritt vorüber war, klemmte ich mir eine Flasche Sekt unter den Arm und ging in seine Garderobe. Ich wünschte ihm ein ›Glückliches Neues Jahr‹ und wir hatten ein langes, herzliches Gespräch miteinander.«

Valentins Worte »Das was Du da machst, mußt Du weitermachen – ich kann ja nimmer lang, ich bin ein alter Mann«, blieben Fröbe bis heute unvergessen.

Auf seinen Einwand hin, »aber ich bin doch kein Bayer«, hatte Valentin geantwortet: »Des is wurscht, die Hauptsach' ist, daß du a Narr bist.«

Karl Valentin hatte an Fröbe damals nur eines auszusetzen: Daß er für seinen Geschmack zu lange Haare trug. »An Igel mußt Dir scheren lassen«, rief Valentin. »Sonst bist net komisch.«

»Ich möchte eigentlich ernst genommen werden«, hielt Fröbe dagegen.

Worauf Valentin seine wässrig-blauen Augen aufriß und verblüfft bemerkte: »Ja, wos, naa! Des a no! Dann wünsch i Dir vüül Glück!«

Dieser Wunsch Karl Valentins ist in vielfacher Hinsicht in Erfüllung gegangen.

Schon wenige Wochen später, am 1. Februar 1948 sollte im *Simpl* die Premiere eines neuen Valentin-Gastspiels sein. Aber der Star war an schwerer Lungenentzündung erkrankt.

Kurz entschlossen wurde Fröbe engagiert und sein Name in Riesenlettern auf die bereits vorbereiteten Plakate gesetzt. Statt eines gigantischen ›Gastspiel Karl Valentin‹ stand da nun ein ebenso gewaltiges ›Gastspiel Gert Fröbe‹.

Die Premiere fand mit einwöchiger Verspätung am 7. Februar statt. Sie wurde ein rauschender Erfolg und zwei Tage später schrieb der Kritiker Gunter Groll in der *Süddeutschen Zeitung:* »Der Simpl hat in Gert Fröbe einen neuen Star, oder – um es vorsichtiger auszudrücken – einen Mann, der wie Karl Valentin, sich von dieser Bühne aus die Welt erobern wird.«

Als Fröbe abends zur Vorstellung in den Simpl kam, erfuhr er eine Nachricht, die ihn zutiefst erschütterte: Valentin war an diesem Morgen gestorben: Am Rosenmontag, als ganz München tanzte.

So schloß sich für Fröbe der Kreis, der zwölf Jahre zuvor mit der ersten Erwähnung des Namens Karl Valentin durch Erich Ponto begonnen und in einem zielstrebigen Bogen zu dieser engen Verquickung der Schicksale der beiden Männer geführt hatte.

Ein Gesicht, das keiner kennt

1948, drei Jahre nach Kriegsende, teilt sich die Welt endgültig in Ost und West. Opfer dieser Teilung ist vor allem Deutschland, insbesondere Berlin. Der Eiserne Vorhang saust herunter – mitten in der Stadt – und schneidet nicht nur Deutschland, sondern auch Berlin in zwei Teile.

Die Blockade West-Berlins beginnt, die Welt ist recht pessimistisch, was das Schicksal dieser Stadt angeht. Wie sollen denn Millionen durchhalten, wenn man ihnen die Lebensmittelzufuhr abschneidet? Panik bricht aus. Industrielle setzen sich nach Westdeutschland ab, nach Hamburg und Köln, nach München und Düsseldorf.

Die Filmindustrie hat sich bereits abgesetzt – wie kann man denn in einer Stadt drehen, in der es keine Lebensmittel gibt und keine Kohlen, und vor allem zu wenig Elektrizität. Noch dazu in einer Stadt, in der jeden Augenblick damit gerechnet werden muß, daß die Russen durch das Brandenburger Tor marschieren und Westberlin besetzen, zur »Sicherung von Ruhe und Ordnung.«

Nur die Berliner selbst, die bleiben in dem ganzen Tohuwabohu merkwürdig gelassen und ruhig. Später wird ein junger Mann diese Berliner, die so erstaunlich beherrscht und heldenhaft waren, die ›Insulaner‹ nennen und dichten:

> »Der Insulaner verliert die Ruhe nicht,
> der Insulaner liebt kein Getue nicht,
> der Insulaner hofft unbeirrt,
> daß seine Insel wieder'n schönes Festland wird!«

Dieser Mann heißt Günter Neumann und war einfach plötzlich von irgendwoher da. Blond, schmal und jungenhaft saß er am Klavier und begleitete seine Frau Tatjana Sais, die ein Chanson sang, das er selbst geschrieben hatte.

Diese Neumanns waren damals in dem Kabarett *Ulenspiegel*,

das inmitten der Berliner Trümmerwüste über Nacht entstanden war, keineswegs als Hauptattraktion gedacht – aber sie wurden von einem Tag auf den anderen zu Stars. Denn jeder spürte, das war zeitnahes Kabarett, hier wurde gesagt und gesungen, was alle bewegte. Hier wurde in Wort und Musik verspottet, was alle bedrängte. Es war charmant und süffisant, durchschlagend und prägnant. Kurzum, es war großartig!

Dabei blieb aber immer der Stoff das große Problem, so daß sehr bald die Frage nach dem Thema bei Neumann zum Thema selbst wurde. Sein aktuelles Programm ›Schwarzer Jahrmarkt‹ findet Gefallen. Auch bei Alf Teichs, dem ehemaligen Dramaturgen der Terra. Er sieht es sich zwei- oder dreimal an und fragt dann Günter Neumann: »Warum machen wir nicht einen Film daraus?«.

Alf Teichs ist nämlich inzwischen Produzent geworden. Zusammen mit Heinz Rühmann hat er auf Basis ›Halbe-Halbe‹ mit amerikanischer Lizenz die ›Comedia-Filmgesellschaft‹ gegründet. Diese will nun den ›Schwarzen Jahrmarkt‹ verfilmen, mitten im blockierten Berlin.

Heiße Diskussionen, lange Gespräche bis in die Nächte hinein. Neumann ist der festen Überzeugung: Kabarett kann man nicht verfilmen! Jedenfalls kann man keinen Film aus diesen Texten machen. Für ihn steht fest: »Kabarett ist Vielfalt. Jede Szene bringt andere Menschen auf die Bühne, andere Situationen und andere Probleme.«

Ein Film aber muß unbedingt einen roten Faden haben.

Mehr noch: Figuren – oder zumindest eine – um die sich alles dreht.

»Na, dann erfinden Sie eben eine solche!«, fordert Teichs.

Neumann erfindet sie. Der ›Otto Normalverbraucher‹ entsteht; ein Begriff der im allgemeinen Sprachgebrauch heute immer noch für den Durchschnittsdeutschen schlechthin steht. ›Otto Normalverbraucher‹ ist genau das, was der Name schon ausdrückt: sozusagen lebendig gewordene Statistik. Er hat weder besonderes Pech noch besonderes Glück, er hat genau die Probleme des Mannes von der Straße. Und er hat auch keine anderen Möglichkeiten,

›Berliner Ballade‹ (1948): Gert Fröbe als Otto Normalverbraucher im Film von Robert A. Stemmle.

mit ihnen fertig zu werden. Ein völlig ›normaler‹ Durchschnitts-mensch also, in diesen Zeiten, die alles andere als normal waren!

Denn das ist die Grundidee Neumanns: er will die Zeit ad absurdum führen, indem er beweist, daß gerade das, worauf alles aufgebaut ist, nicht mehr existiert: der normale Mensch.

Günter Neumann beginnt zu suchen und merkt schnell, daß es gar nicht so einfach ist, einen zu finden.

Das wird die Geschichte des Films *Berliner Ballade.* Schwer, diesen internationalen Erfolg deutscher Selbstironie, die mit grimmigem Humor die ernste Zeit glossierte, in wenigen Worten zu erzählen.

Der Film ist eine Aneinanderreihung zahlreicher Szenen, die alle für sich stehen könnten, ein kabarettistisches Mosaik. Er beginnt genau hundert Jahre nachdem er entstanden ist, also im Jahre 2048.

Wir sehen ein unbeschreiblich großartiges Berlin, voll von Wolkenkratzern – die übrigens schon, was nicht einmal Günter Neumann um diese Zeit ahnt, zehn Jahre später in dieser Stadt entstehen –, voll von Autos, Flugzeugen und Hubschraubern . . .

Und der Film zeigt dem Publikum, wie Berlin hundert Jahre früher aussah: Trümmer, Trümmer, Trümmer... Ein Sprecher – übrigens Erik Ode – kommentiert: »Wenn wir diesen Filmstreifen aus der damaligen Zeit sehen, fragen wir uns unwillkürlich: Wie lebten damals die Menschen in Berlin? Denn völlig ganz war eigentlich nichts mehr in dieser Stadt...«

Die Kamera erfaßt einen Laden, dessen Schaufenster ganz leer ist, bis auf eine handgeschriebene Bekanntmachung: »Eine Rasierklinge auf Abschnitt IV für Normalverbraucher«. Und der Sprecher sagt: »Wie sah er wohl aus, dieser Normalverbraucher?«

Die Kamera rast durch die Berliner Straßen. Aber wen sie auch findet, niemand kann behaupten, jener sagenhafte ›Normalverbraucher‹ zu sein, auf den das ganze amtliche Leben eingestellt ist. Alle kaufen oder verkaufen auf dem Schwarzen Markt. Neumann arbeitet nun mit »infraroten Strahlen«. Der Sprecher: »Die infraroten Strahlen werden jetzt alle diejenigen, die nicht nur von ihren Karten leben, aus dem Bild zaubern, und einzig die Normalverbraucher werden übrigbleiben.«

Resultat: die Straßen, die eben noch von Menschen wimmelten, sind völlig leer. Nicht einmal Pferde und Fuhrwerke sind noch zu sehen. Der Sprecher: »Sogar die weißen Schimmel scheinen schwarzes Heu zu fressen!«

Und dann findet Neumann, will sagen der Conferencier aus dem Jahre 2048, doch den Normalverbraucher, einen hochaufgeschossenen entsetzlich dürren Menschen, der aussieht, als könne er jeden Augenblick vor Hunger umfallen. Er liegt in einem halbzerbombten Zimmer, in das es hineinregnet, schläft völlig bekleidet mit Überzieher und Wollmütze und träumt von einer Kondi-

Gert Fröbe (Mitte) in seinem ersten Film : ›Berliner Ballade‹ (1948). Rechts mit ihm auf dem Wagen Tatjana Sais.

torei, in der es Kuchen und Schlagsahne in Hülle und Fülle gibt, und wo man sich wenigstens im Traum, sattessen kann... Aber jedesmal, bevor der Träumende ein Stück Kuchen in den Mund stecken kann, wird er durch die rauhe Wirklichkeit geweckt.

Die Wohnung, in der Otto Normalverbraucher lebt und die ihm einstmals gehörte, hat jetzt Untermieter: in einem Zimmer wohnt ein Schieber, der auch gelegentlich ins Gefängnis muß, im zweiten eine Dame, die das Heirats-Vermittlungs-Büro »Amor-Zentrale« betreibt. Von den Habseligkeiten Ottos ist nicht mehr viel übriggeblieben. Eines der wenigen geretteten Utensilien ist ein Zigarrenabschneider, aus einem Granatsplitter gefertigt, aus dem Ersten Weltkrieg. Der Vater brachte ihn als Andenken mit. Jetzt ist der Granatsplitter leider von einer Granate aus dem Zweiten Weltkrieg getroffen worden.

Wir erfahren auch ein wenig über das Vorleben Ottos: wie er, als der Krieg näher kam, die guten Stücke aus seiner Wohnung verlagerte – um sie nie wiederzusehen. Nur das Hitlerbild blieb. »Die weniger wertvollen Sachen blieben in der Wohnung, schon für den Blockwart!« Dann wurde Otto eingezogen. Er tat alles, um sich zu drücken, nahm Pervitin und Aspirin, braute sich einen Bohnenkaffee, in dem der Löffel stand, rauchte eine Importzigarre, die er zwei Tage vorher in die Sonne gelegt hatte, »damit die Galle auch etwas abbekam.«

Und wurde »kv« geschrieben. Er wurde geschliffen; er kam ins Feld, geriet in Gefangenschaft. Und: »Was nun, Otto? Die große Zeit ist vorbei!«

Nach Hause? Das ist gar nicht so einfach. Otto ist nach München verschlagen worden. Er würde dort bleiben. Aber die Bürokratie macht ihm einen Strich durch die Rechnung. Ein Beamter will seine Aufenthaltsbewilligung sehen.

»Die wollte ich, bitte, von Ihnen haben!«

»Ich stelle nur Zuzugsgenehmigungen aus.«

Und die bekommt Otto nur, »wenn Sie mir die Arbeitsbescheinigung vorlegen!«

Aber: »Arbeitsbescheinigungen kriegen's nur, wenn's mir die Zuzugsgenehmigung vorleg'n!«

»Und die Zuzugsgenehmigung nur gegen Arbeitsbescheinigung!«

Otto wandert von einem Büro zum anderen, wird von den Beamten angeschnauzt... Schon ist sein Gesicht von Bartstoppeln übersät. Er hat bald einen Spitzbart, einen Vollbart, schließlich einen Bart, der so lang ist, daß er auf ihn tritt.

Dann: »Jetzt habe ich es aber satt! Der Bart ist ab!«

Otto will nach Berlin, obwohl man ihm in München und Umgebung die wildesten Dinge von Berlin erzählt. Dort werden Menschen auf offener Straße angefallen und ausgeraubt. Die Berliner – wir sehen das alles im Film – laufen daher nur noch in Unterhosen und Unterkleidern herum. Kleider und Anzüge sind ihnen längst gestohlen worden. Ständige Raufereien zwischen Leuten die Ost-, und Leuten, die West-Zeitungen lesen.

Aber Otto läßt sich nicht irremachen. Er schlägt sich nach Berlin durch – über die Zonengrenze kommt er, indem er sich wie ein Maulwurf unter ihr durchgräbt, zum Entsetzen von Hasen und anderem Getier.

Er findet seine Wohnung, was gar nicht so einfach ist, denn überall gibt es Schilder wie:

»Gesperrt! Umleitung!« – »Kein Durchgang!« – »Nur für Militärfahrzeuge!« – »Brücke gesperrt!« – »Sackgasse!« – »Für den Zivilverkehr verboten!« – »Betreten auf eigene Gefahr!« – »Kein Durchgangsverkehr!«

Schließlich und endlich kommt Otto in seine Wohnung, die ihm nicht mehr gehört. Es geht ihm schlecht. Er ist unterernährt wie alle anderen auch. Der Sprecher: »Die Ernährung der Normalverbraucher vor hundert Jahren war genormt. Wie diese Leute es schafften weiterzuleben erscheint uns heute unfaßlich . . .«

Gert Fröbe und Tatjana Sais in ›Berliner Ballade‹ (1948).

Otto tut das einzig Vernünftige: er beginnt alles zu verkaufen, was er noch besitzt, und dafür Eßwaren einzuhandeln. Und da er nun kein Normalverbraucher mehr ist, bekommt er wieder so etwas wie ein halbwegs normales Gesicht. Er findet auch Arbeit, wird in einer Fabrik angestellt, die Schilder herstellt – am Anfang nur fünf bis sechs pro Tag. Aber bald wächst die Produktion enorm.

Eigentlich handelt es sich immer nur um das gleiche Schild mit dem Text: »Ware noch nicht eingetroffen!« Diese Schilder werden in allen Läden Deutschlands gebraucht; man kann gar nicht genug davon herstellen. Trotzdem schließt die Fabrik eines Tages. Die einzige Erklärung, die Otto vorfindet, ist ein Schild an der Pförtnerloge mit der Aufschrift: »Ware noch nicht eingetroffen«!

Er verdingt sich als Nachtwächter. Der Laden, den er bewachen soll wird ausgeraubt, weil er einschläft und wieder von Konditoreien träumt…

Immer neue Abenteuer muß Otto bestehen. Es sind die Abenteuer die alle Deutschen nach 1945 bestehen mußten.

Dieses Berlin ist ja nun nicht nur in zahllose Parteien gespalten, sondern auch ungemein international. In den Nachtlokalen, in denen man auf Karten nichts und für sehr viel Geld alles bekommt, wird nur Englisch, Französisch und Russisch gesprochen – eventuell noch Sächsisch. In den Kinos laufen fast nur ausländische Filme. Und über eine Aufführung der ›Madame Butterfly‹ wird sehr richtig in der *Berliner Ballade* bemerkt: »Ein deutsches Theater im russischen Sektor spielt die Oper eines italienischen Komponisten, in der ein japanisches Mädchen etwas mit einem amerikanischen Offizier hat . . .«

Da kann man nur mit Günter Neumann sagen:
»Also wissen Se –
Also wissen Se ne –
Also wissen Se nee!«

Oder kann sich gleich begraben lassen. Auf dem Friedhof liegen ja auch lauter Normalverbraucher. Die Schilder lauten: »Franz Normalverbraucher«, »Amanda Normalverbraucher«, »Theodor

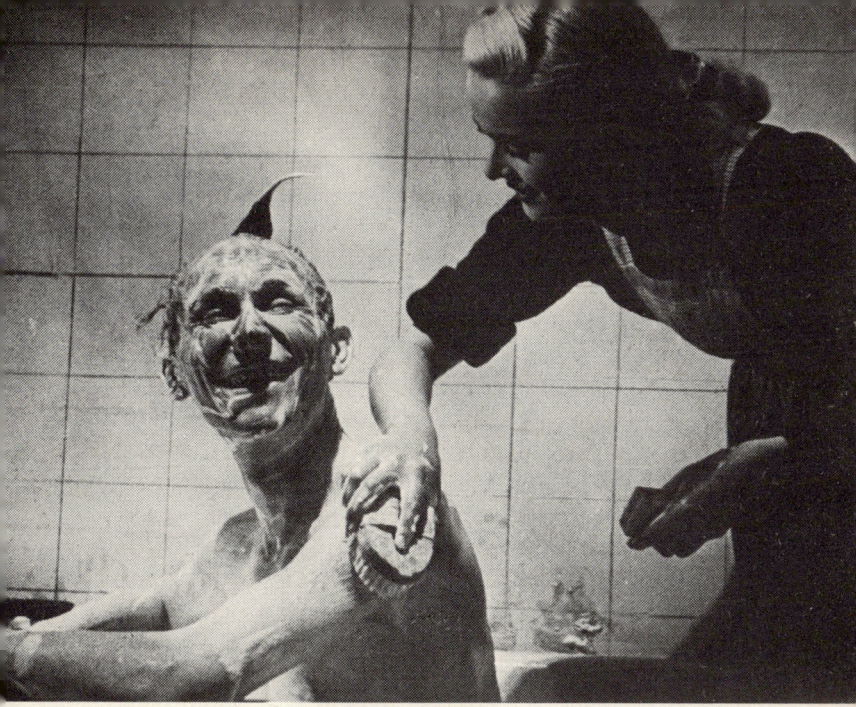

Szenenausschnitt aus R. A. Stemmles Film ›Berliner Ballade‹. Otto Normalverbraucher (Gert Fröbe) wird eingeseift.

Normalverbraucher«, »Emma Normalverbraucher«, »Ida Normalverbraucher«.

Aber das ›Begraben-lassen‹ ist gar nicht so einfach. Selbst die Särge sind in dieser Zeit so miserabel gefertigt, daß Otto auf dem Bodenbrett des Sarges liegenbleibt, während die trauernden Hinterbliebenen den Kasten zum Friedhof schleppen und der gute Otto seiner eigenen Beerdigung beiwohnen darf. Da die Zeremonie angesetzt ist und deshalb auch stattfinden muß, der Sarg aber noch leer steht, werden statt Otto Normalverbraucher Schiebertum und Egoismus, Haß und Militarismus und die endlosen, erfolglosen Konferenzen zu Grabe getragen.

Freilich, nicht alle wollen sich begraben lassen. Die meisten spüren trotz Unterernährung einen unbezähmbaren Willen zum Kampf. Es wird für und gegen alles gekämpft. Überall kleben Plakate wie: »Kampf den Kriegshetzern«, »Kampf den Spaltern«, »Kampf der Mottenbrut«, »Kampf den Steuern«, »Kampf den Ratten«, »Kampf den Bayern« . . .

Der Deutsche – so meint Neumann – kann das Kämpfen nun einmal nicht lassen. Und so ist die zweite Hauptfigur neben Otto Normalverbraucher der ewige Unteroffizier. Den spielt O. E. Hasse, dessen Nachkriegskarriere ebenfalls beispiellos wird.

Er tritt in mancherlei Verkleidung auf. Einmal ist er ein Straßenbahnschaffner, der außer sich gerät, weil Otto klingelt, damit der Wagen hält und er aussteigen kann. Er brüllt ihn an: »Glauben Sie, in Deutschland kann heute jeder machen, was er will? Hier bestimme ich, und sonst niemand – mit Ausnahme des Führers, des Wagenführers natürlich.« Und er versteigt sich zu folgender Behauptung: »Sie werden daran denken, was es heißt, als Fahrgast abzuklingeln. Das ist Fahrgastzersetzung!«

Genau das ist die Nachkriegssituation, das sind die Probleme des Tages, der Stunde.

Es ist alles andere als leicht, einen Film zu machen, der fast schmerzhaft aktuell ist. Als die Dreharbeiten beginnen, ist nicht allzuviel vom Drehbuch vorhanden. Jeden Tag überlegen sich Günter Neumann und Regisseur R. A. Stemmle, wie die Sache wohl weitergehen könnte, was an Ereignissen von gestern oder vorgestern verwendet werden sollte – und vor allem wie und in welcher Form. Was Neumann heute schreibt wird morgen gedreht. Manchmal ist es sogar umgekehrt. Was gestern gedreht wurde, wird erst morgen geschrieben.

Später wird Neumann einmal erklären: »Der Film mußte so sein, als hätte ihn der kleine Moritz geschrieben.«

Entscheidend aber ist die Besetzung der Hauptrolle. Wer soll diese Figur des Normalverbrauchers spielen?

Die Produzenten Teichs und Rühmann denken da an bekannte Komiker. Wie wäre es etwa mit Heinz Rühmann selbst?

Günter Neumann und Regisseur Robert A. Stemmle legen ihr Veto ein. Sie wollen ein Gesicht, das noch niemand kennt.

Aber wen?

Die Szenen seiner Entdeckung als »Otto Normalverbraucher« schildert Gert Fröbe gerne so: »Während ich in München am Kabarett beschäftigt war, hörte ich, daß der berühmte Regisseur Helmut Käutner in München ein neues Projekt vorbereitet: *Der Apfel ist ab,* einen kabarettistischen Film, die Geschichte von Adam und Eva in die Neuzeit verlegt. Für die Rolle des Racheengel *Lucifer* suchte Käutner noch jemand.«

Fröbe, der meinte, schon einmal mit seinem *Mephisto* einen Großen der Theaterwelt überzeugt zu haben, glaubte, daß dies eine Rolle für ihn sei. Er beschloß eine Party für Käutner zu arrangieren.

»Dieser sagte netterweise auch zu.«

Gert Fröbe weiter: »Am Nachmittag des bewußten Tages kaufte ich ein. Ich sehe mich heute noch, mit meinem kleinen Handwagen und der Obststeige, in der ich – teuer erstanden – schwarzgebrannten Kartoffelschnaps und andere Schätze im Wert von einigen tausend Reichsmark hatte. Gerade als ich vor meiner Haustüre ankomme, biegt Robert A. Stemmle um die Ecke, und ich fragte ihn: »Haben Sie nicht Lust, heute Abend zu meinem kleinen Fest zu kommen?«

Stemmle hatte und kam.

Die Party wurde ein voller Erfolg. Auf dem Höhepunkt der feuchtfröhlichen Feier sagte Komponist Bernhard Eichhorn zu Fröbe, was wohl zuvor abgesprochen war: »Spiel' doch Herrn Käutner einmal etwas vor. Der möchte etwas von Dir hören.«

Prompt zog Fröbe seine Show ab, brüllte wie ein Stier und gebärdete sich möglichst auffällig, da er dachte: »Jetzt kommt's darauf an! Dem muß ich jetzt imponieren!«

Als Fröbe fertig war, nahm Eichhorn ihn beiseite: »Hast Du noch alle Tassen im Schrank? Was brüllst Du denn so? Der Käutner will doch immer nur ganz leise Töne!«

Dem Vernehmen nach soll Gert Fröbe recht verdattert und betroffen gewesen sein. Resigniert zuckte er die Schultern: »Warum hast Du das denn nicht vorher gesagt!«

Als Käutner gegen Morgen ging, verabschiedete er sich mit den

Worten: »Ich werde mich in den nächsten acht Tagen wieder melden. Dann reden wir über die Rolle«

Das war das letzte, was Gert Fröbe von Käutner für fast ein Jahrzehnt, bis er 1956 unter seiner Regie in *Ein Mädchen aus Flandern* spielte, hören sollte.

Die Rolle des *Lucifer* in *Der Apfel ist ab* bekam Arno Assmann. Der Film wurde übrigens auch alles andere als ein Erfolg.

Wer weiß, wie die Karriere oder die weitere Zukunft Fröbes ausgesehen hätte, wenn er von Käutner diese kleine Rolle bekommen hätte!

Käutner meldete sich also nicht. Aber es geschieht etwas viel Entscheidenderes: dieser Robert A. Stemmle, den der Zufall hereingeschneit hatte, der meldet sich! Er bietet dem hageren, spindeldürren Fröbe mit dem rotblonden Haar die Rolle des Otto Normalverbraucher an, der im Film nicht viel zu sagen hat, dessen Text bequem auf eine Schreibmaschinenseite geht.

»Man muß sich das einmal vorstellen«, eiferte sich Gert Fröbe später mehrfach über diesen »Zufall« seiner Entdeckung. »Wäre Stemmle nur ein paar Sekunden später um die Ecke gebogen, hätte ich vermutlich den Normalverbraucher nie gespielt. Für mich ist das kein Zufall, sondern Fügung.«

Später sollte es im Leben Fröbes noch einige solcher ›Zufälle‹ geben, die entscheidend für sein Leben und seine Karriere waren. Ein Umstand, der den stark religiös-philosophisch orientierten Schauspieler an die Worte von Arthur Schopenhauer glauben läßt: »Das Wort Zufall ist Gotteslästerung.«

Für Fröbe war und ist fortan, ebenso wie für den Philosophen, im Leben alles nur noch »Fügung«.

Nun also will es diese »Zufalls-Fügung«, daß Fröbe im blockierten Berlin, das von den Amerikanern mittels Luftbrücke versorgt wird, vor der Kamera steht. Weil sein Gesicht denkbar unbekannt und er noch nicht etabliert ist.

Und wer spielt sonst noch mit, außer diesem hageren rothaarigen Fröbe? Aribert Wäscher, Hubert von Meyerinck, Hans Deppe und natürlich Tatjana Sais, die bezaubernde Frau Günter Neumanns, die in dem Film die wichtigsten Chansons singt.

Die *Berliner Ballade* wird unter unendlichen Schwierigkeiten hergestellt. Als Aufhellblenden werden Teile eines alten Schlafzimmerspiegels verwendet, die irgend jemand aus dem Bombenschutt gezerrt hat. Auch Erich Pommer, jener 1933 emigrierte UFA-Produktionschef, der nun als US-Filmoffizier nach Berlin zurückgekehrt ist, hilft, wo er nur kann. Vieles wäre ohne ihn gar nicht möglich.

Aber Strom fehlt. Das Problem ist so groß, daß eine Zeitung jener Tage stolz vermeldet: »...Produktionsleiter Werner Drake konnte die erforderlichen Atelieraufnahmen durch die Beschaffung eines Stromaggregates sicherstellen. Dadurch wird das Filmteam trotz Stromsperre unserem Berlin die Treue halten. Das wäre doch noch schöner, wenn Berlins ›Broadway-Melodie 48‹ in München fertiggestellt werden müßte.«

Am schlimmsten aber ist die Sache mit der Währungsreform. Die ersten Szenen werden noch mit der alten Reichsmark bezahlt. Fröbe hat einen Vertrag über 25 000 Reichsmark.

Das scheint viel, ist es aber gar nicht.

Am 19. Juni 1948, dem Vorabend der Währungsreform, kostete ein Kilo Butter rund 600 Reichsmark, eine Packung Schleichhandelszigaretten 200 RM, ein Kilo Kaffee bis zu 1000 RM.

Somit wäre Fröbes Gage für diese Hauptrolle und mehrere Wochen harter Arbeit ein Äquivalent für 42 Kilo Butter oder zwölfeinhalb Stangen Zigaretten. Es ist im Kaufwert etwa so, als ob heute ein bekannter Schauspieler die Hauptrolle in einem Film für 400 Deutsche Mark übernähme.

Am nächsten Tag liegt das Geld auf der Straße, hängt als Klopapier in den Toiletten. Die Reichsmark ist keinen Pfennig mehr wert. Jeder Westdeutsche erhält vierzig Mark »Kopfgeld«, das der 116 Pfund leichte »Otto Normalverbraucher« in einem Anfall von Verschwendungssucht leichtsinnig verschleudert: »Es war auf dem Kurfürstendamm und bot sich mir förmlich an. Für 38 Mark erstand ich ein hochelegantes Picknick-Köfferchen mit Besteck, Tassen und Thermosflasche. So hatte ich wenigstens eine noble Hülle für meinen spärlichen Proviant, wenn wir auswärts drehten.«

Am Tag der Währungsreform bekommt auch das Filmteam kein

Geld. Auch an den nächsten Tagen nicht. Dann gibt es Ostmark und Westmark. Und während in Ostdeutschland und Ostberlin nur mit der neuen Ostmark bezahlt wird, in Westdeutschland nur mit der neuen Westmark, wird in Westberlin zur Hälfte mit Ost- und zur Hälfte mit Westmark bezahlt.

Kein Mensch kennt sich aus, niemand kann sagen, was dieser Film wirklich kostet, und ob er zu Ende gedreht werden kann.

Nur Günter Neumann behält die Nerven und schreibt sofort eine Szene über die Währungsreform in den Film hinein:

Der Zuschauer sieht Otto Normalverbraucher im Gespräch. Es geht darum, ob er das Geld, das ihm ein Schieber während einer Razzia zusteckte, behalten darf oder nicht.

Die Frau ist dafür, er dagegen ist noch nicht ganz zu dieser Unehrlichkeit entschlossen. Da donnert es. Otto mit Blick zum Himmel: »Nun, man wird doch noch fragen dürfen!«

Er geht zum Fenster, um zu prüfen, ob die Scheine echt sind. Der Wind reißt ihm das Geld aus der Hand. Der unsichtbare Sprecher läßt sich vernehmen: »Die Mark fiel. Und nicht nur diese eine Mark. Die Mark fiel im ganzen Lande. Das Geld war plötzlich nichts mehr wert. Berlin stand vor der sogenannten Währungsreform. Plötzlich war jeder Mensch im Land gleich arm oder gleich reich. Endlich hatte es wieder Sinn zu sparen.«

Fröbe brauchte nicht zu sparen. Sein Vertrag wurde umgewandelt und die 12000 »neuen« Mark machten ihn relativ rasch zum vermögenden Mann.

Dem Produzenten-Team Rühmann/Teichs dagegen brachten die *Berliner Ballade* und die Währungsreform weniger Glück. Schon bald darauf mußte die *Comedia* Konkurs anmelden. Mit ihrem letzten Film *Herrliche Zeiten* – zufällig ebenfalls von Günter Neumann – war die »herrliche Pleite« perfekt.

Vorher aber, am Sylvesterabend 1948, hat die *Berliner Ballade* im Berliner Marmorhaus Premiere. Fröbe ist ganz stolz, daß seine Filmfigur meterhoch an der Fassade des Kinos hängt. Seine Mutter und seine Schwester Hanni kommen zur Uraufführung.

Fröbe: »Sie konnten es gar nicht fassen, daß ich plötzlich eine Berühmtheit war.«

Auf Sonne folgt Regen

Was aber war letzten Endes diese *Berliner Ballade* geworden? Ein Trümmer- oder ein Heimkehrerfilm? Ja, aber eine besondere Art von Trümmerfilm, und auch eine besondere Art von Heimkehrerfilm.

Als aber der Film in die Kinos kam, ging die Ära der Trümmerfilme mit den bescheidenen Ansätzen der Vergangenheitsbewältigung schon ihrem Ende zu. Die Wunden, die hier geleckt werden, sind schon ein wenig vernarbt.

Die Menschen lächeln bereits wieder über das Unsägliche, das sie haben durchmachen müssen. Ja, sie lachen manchmal bereits richtig darüber und fragen sich: waren wir das denn wirklich? Diese hungernden Kreaturen, die alles verkauften, um nicht verhungern zu müssen; die nichts so sehr fürchteten, wie den Mann vom Elektrizitätswerk, der feststellte, daß zuviel Strom verbraucht worden war?

Obschon diese *Berliner Ballade* sehr gut, nachgerade hervorragend ist, und heute längst als wesentliches Stück Filmgeschichte gilt, wurde ihr kein besonders großer Erfolg in Deutschland zuteil.

Die Währungsreform hatte dem Volk all jene materiellen Genüsse beschert, die es jahrelang hatte entbehren müssen. Schon bald nach dem Tag »X« waren die Schaufenster inmitten der Ruinen voller lang nicht gesehener Waren.

Wen sollten da noch Trümmerfilme interessieren, mochten sie auch noch so künstlerisch sein! »Die Leute ließen sich wieder ihren Gänsebraten schmecken und wollten nicht mehr an die Tage des Hungers erinnert werden. ›Normalverbraucher‹ waren einfach nicht mehr gefragt«, kommentiert Fröbe die Situation.

Zumindest nicht mehr in deutschen Landen, beim deutschen Publikum.

Die Kritik dagegen lobte: »Der Film ist voller Pointen. Aber sie alle haben die Form von Tränen.« Andere schrieben: »Wenn dieser hagere, abgemagerte Harlekin, der auf der Suche nach einem Neubeginn staunend und nichtverstehend durch seine zerbombte Heimatstadt zieht und dabei ratlos den Finger an die Nase legt, war das so komisch, daß man vor Bewunderung das Lachen vergaß.«

Tatsächlich ist es auch das Mienenspiel Fröbes, sein Gesicht das den Film zum Erfolg bei der Kritik führt.

Die Franzosen waren begeistert: »Absolut bemerkenswert! Man denkt hier an Motive aus dem ›Simplicissimus‹. Das deutsche Pathos fehlt, ebenso wie die Neigung zu philosophisch-steriler Erbauung.« Ein anderer französischer Kritiker goutierte: »Ein Film im Geist der Satire. Der Grundgedanke der Würde im Elend ist in einer Folge amüsanter Bilder hervorragend ausgedrückt, so daß schließlich alles wie aus einer Wundertüte zu kommen scheint.«

Auch Engländer und Amerikaner würdigten den Schauspieler Fröbe; der ›Otto Normalverbraucher‹ hatte auch Hollywood imponiert. Auf der Biennale 1949 in Venedig wurde die *Berliner Ballade* als ›bemerkenswert künstlerischer Film‹ ausgezeichnet.

Die *Paramount* schickte zwei Herren nach Hamburg. Sie verhandelten mit Fröbe, ob er denn nicht Lust hätte, de Costers *Tyll Eulenspiegel* und Jaroslav Hašeks *Der brave Soldat Schwejk* zu spielen?.

Fröbe gab mit großer Freude sein »okay«.

Die Filmgesellschaft, die allgewaltige, kabelte: »Keine längeren anderweitigen Verpflichtungen eingehen – stop – der Film soll teilweise in Berlin gedreht werden – stop – alles weitere mündlich – stop –«. So lautete der verheißungsvolle Text.

Und die Engländer, die Fröbe in Deutschland gesehen hatten, jauchzten: »Deutschland hat einen neuen Danny Kaye!«

Das war auch die Überschrift eines dreiseitigen Bildberichtes in ›Illustrated‹. Ein Vergleich, der in etwa so viel wert war, wie der Kunstorden erster Klasse, da Danny Kaye zu dieser Zeit der Lieblingskomiker aller Angelsachsen war.

Jetzt mußten ja wohl die großen Rollen endlich kommen!

Insbesondere die Presse feierte die Erfolge schon vorweg und sah Fröbe bereits in Amerika in internationalen Produktionen vor der Kamera glänzen.

Aber nichts kam. Und was dann als einzige Filmrolle für lange Zeit kommen sollte, war – mit Abstand betrachtet – nicht der Rede wert.

Fröbe wartete also vergebens auf die versprochenen »großen Knüller« und wandte sich wieder seinem geliebten Kabarett zu.

Gemeinsam mit Wolfgang Müller ging er mit Günter Neumanns Programm *Schwarzer Jahrmarkt* auf Tournee durch einige Städte Westdeutschlands. Zum Teil auch auf eigenes, geschäftliches Risiko. Aber trotz seines hervorragenden Könnens und seiner unbestrittenen Überzeugungskraft waren die Einnahmen aus solchen Abenden eher gering – wie in der Kleinkunst üblich. Fröbe wurde schnell um einige bittere Erfahrungen reicher und um einiges Geld ärmer.

Als er in der Hamburger »bonbonniere« im schwarzen Pullover Morgensterns *Elementarphantasien* spielte, füllte sich das Lokal schlagartig. Ein Stimmungsbericht aus diesen Tagen vermeldet: »Der Enaksohn mit dem goldenen Flammenschopf und den weißblonden Augenbrauen hat mit Gattin Iska Geri Hamburgs leere ›bonbonniere‹ wieder vollgepackt. Seit sie hier überbretteln, fehlen dem Besitzer Sessel und Gläser – wer zuletzt kommt, kriegt einen Hocker und den Wein in Cocktailgläsern.«

Diese Schauspielerin Iska Geri – entgegen zahlreichen Pressemeldungen waren die beiden nie mit Brief und Siegel verheiratet – hatte Gert Fröbe mit seinen Auftritten schon im Münchner *Simpl* überzeugt. Wohl nicht nur künstlerisch, sondern für eine geraume Weile auch privat.

Aber noch jemanden hatte er mit seinen künstlerischen Ambitionen in diesen Tagen nachhaltig beeindruckt: Erich Kästner, dessen Bücher *Fabian, Das doppelte Lottchen* bereits zu deutschen Klassikern geworden sind, schrieb im August 1949 in einer Zeitschriftenkolumne: »Gert Fröbe hat mancherlei Talent und hält damit nicht hinterm Berge. Er fackelt nicht lange. Er breitet seine bunten Fähigkeiten vor dem Publikum aus, mit dem Schwung eines Geschäftsreisenden, mit der rücksichtslosen Einfalt eines von seinen Künsten Besessenen und Behexten. Wir lernten einander zufällig kennen. Kurz nach Kriegsende. In Schliersee, auf der Dorfstraße. Schon eine halbe Stunde später saßen wir auf sein Betreiben hin in einem Bauernhaus am Tische, und der dünne, rothaarige Sachse weihte uns in seine Pläne ein. ›Einweihen‹ klingt freilich viel zu sanft und gemütlich, für das was er tat. Um es anschaulicher und angemessener auszudrücken – er überfuhr uns wie eine Straßenbahn! Und machte uns zu seinen Anhängern.«

An solchen ›Anhängern‹ mangelte es Fröbe schon damals nicht.

Der bekannte englische Journalist Pem schrieb: »Manchmal erlebte ich in Deutschland noch Überraschungen. Eine davon war ein waschechtes Nachtlokal, sinnliche Beleuchtung und Musik, und außerdem wurde Literatur serviert. In der ›Künstlerklause bei Kroll‹ konferiert der Wirt persönlich, dann tritt eine schreckliche, exotische Tänzerin auf, und schließlich die Hauptattraktion, die große Bombenüberraschung: Wahrscheinlich stimmt die Geschichte, daß ein Prophet im eigenen Land nichts gilt. Aber Gert Fröbe ist ja'n Sachse, also ›landesfremd‹. Warum wird der unglaublichen Begabung dieses Mimen und Schauspielers nichts Besseres geboten, als zwischen Sektkühlern und Schnapsflaschen aufzutreten? Ist es unbekannt, daß er sich durch seine Darstellung des ›Otto Normalverbrauchers‹ Erfolge in New York, London und Paris erspielte? Wenn Gert Fröbe in Paris ganz unbekannt in einem Nachtlokal auftreten würde, so wäre er am nächsten Morgen ›entdeckt‹ und an ein großes Haus verpflichtet.«

Nicht so in Deutschland.

Zwar hatte sich der Film inzwischen wieder gemeldet, aber Fröbe sollte an diesem Streifen *Auf Regen folgt Sonne* keine Freude haben. Obwohl er den Liebhaber von Sonja Ziemann mimen durfte, die sich dann ein Jahr später mit dem überaus erfolgreichen *Schwarzwaldmädel* (16 Millionen Zuschauer) in die Herzen des deutschen Publikums spielen sollte.

Laut Drehbuch ging es in jenem Film mit Fröbe um einen jungen

Nach einem Drehbuch von Jo Hanns Rösler entstand 1949 der Film ›Nach Regen scheint Sonne‹. Konstantin (Gert Fröbe) und das Töchterlein des Bürgermeisters (Sojna Ziemann).

Mann, der auf einer Sternwarte die Zeit ansagt: »sechs Uhr und vier Minuten, ..sechs Uhr und fünf Minuten.... sechs Uhr und sechs Minuten ....«

So etwas gab es auch damals nicht, aber es war eine recht phantastische Vorstellung, die den Kabarettisten reizte.

Denn eines Tages dreht dieser Mann durch, bekommt Alpträume und hört Stimmen wie: »Hier ist Peru! Uns fehlen fünf Stunden und 25 Minuten!« – »Hier ist die Schweiz – wo bleibt unsere Zeit!«

Diese Szene war für Gert Fröbe das Kernstück des Films. Um so mehr erstaunte es ihn, daß er diesen Part nie auf der Disposition finden konnte. Dafür nahmen die Außenaufnahmen rund um Freiburg im Schwarzwald kein Ende.

»Wann kommt denn bitte endlich die Sternwarte?«, fragte Fröbe immer drängender.

Worauf man sich bequemte, ihm mitzuteilen: »Ach, diesen Quatsch lassen wir einfach weg! Dafür bekommen Sie ein hübsches Lied zu singen.«

»Und wie soll das heißen«, erkundigte sich der Hauptdarsteller, schon mißtrauisch geworden.

»Auf Regen scheint Sonne.«

Da brach Fröbe fast zusammen.

»Dieser Schlager war schon seit zwei Jahren passé. Den sangen nicht einmal mehr Dienstmädchen«, erinnert er sich. »Mir aber war nun endlich klar, was die in Wirklichkeit machen wollten, was diese vielen Schwarzwald-Aufnahmen sollten.«

Es war zum Davonlaufen!

Was Fröbe auch wirklich machen wollte.

»Ich packte meine Koffer und wollte mich nachts um zwei aus dem Hotel schleichen. Aber in der Halle traf ich unseren Produktionsleiter!«, erzählt Fröbe. »Er packte mich am Arm, nahm mich beiseite und sagte: »Fröbe, ich kann Sie verstehen. Auch Ihre Enttäuschung. Aber wenn Sie jetzt aussteigen, kostet Sie das 180.000 ›neue‹ deutsche Mark. Diese Summe haben wir bis jetzt verdreht. Wenn Sie eine solche Konventionalstrafe riskieren wollen, können wir Ihrer Abreise nichts in den Weg legen.«

Der lebensmüde Pechvogel Konstantin (Gert Fröbe) hat diesmal Glück. Er rettet die Tochter des Bürgermeisters vorm Ertrinken. Gert Fröbe und Sonja Ziemann in dem Film ›Nach Regen scheint Sonne‹ (1949).

Fröbe wollte nicht und blieb.

»Dieses Argument hat mich überzeugt. Ich machte weiter.«

Der Film kam unter dem Titel *Nach Regen scheint Sonne* kurz vor Weihnachten 1949 in die Kinos, und was folgte, war schlicht ein Wolkenbruch.

Die Handlung beginnt damit, daß ein Mensch namens Konstantin (Gert Fröbe) mit einem Strick in der Hand im Wald einen Baum sucht, an dem er sich aufhängen kann. Er prüft gewissenhaft die verschiedenen Äste, aber sie brechen alle ab. Ein Räuber, der ihn überfallen will, wird zum Tröster statt zum Mörder. Konstantin springt von einer Brücke ins Wasser, aber es gelingt ihm nicht zu ertrinken. Der Pechvogel rettet sogar eine andere Lebensmüde (Sonja Ziemann) und erklärt sich bereit, den ausgebliebenen Bräutigam zu markieren. Selbst das Happyend trägt noch eine heimliche, nicht zu übersehende Wehmut in sich.

Die Kritiken waren noch relativ glimpflich für den Hauptdarsteller Fröbe ausgefallen: »Er erreicht stellenweise Chaplins Tragik in der Komik. Man lacht Tränen über ihn, und zugleich läuft es einem kalt über den Rücken.«

Eine andere Kritik brachte schon deutlicher zum Ausdruck, was das Publikum hier vorgesetzt bekam, und weshalb es schließlich ausblieb: »Sonja Ziemann, gar reizend anzusehen in ihrer blühenden Jugend, tollte und schmollte im Gärtchen der Liebe. Sogar Gert Fröbe steht auf der Darstellerliste, der – ob er mag oder nicht – zum größten komischen Talent Deutschlands zu werden droht. Er wird sich allerdings um entsprechende Stoffe und Mitarbeiter kümmern müssen, denn es wäre schade, wenn er sich weiter so wie hier durch die Gegend ›balladeln‹ würde. Es geht in dem Film alles wie Kraut und Rüben durcheinander. Laßt uns friedlich sein mit diesen Produkten, um so mehr, als ihr Bedarf nicht von der Hand zu weisen ist. Aber laßt uns auch die Hoffnung, daß nach Regen wieder die Sonne scheint.«

Für Fröbe war es genau umgekehrt. Er stand im wahrsten Sinne des Wortes im Regen. Die Produzenten sollten ihn fortan meiden wie einen Aussätzigen; ihn, den einzig Unschuldigen an dieser filmischen Misere.

Vom Regen in die Traufe

Wo aber steht der deutsche Film? Anfang des Jahres 1949 hat die erste »Bambi«-Umfrage ergeben: der beliebteste Filmschauspieler ist Stewart Granger, gefolgt von Jean Marais – Gert Fröbe wird mit ihm Jahre später in *Taifun über Nagasaki* drehen. Aber das ahnt jetzt natürlich noch keiner.

Bei der Bambi-Umfrage also weit und breit kein Deutscher.

Es ist um diese Zeit auch nicht einfach, in Deutschland Filme zu machen. Was wollen die Leute denn sehen?

Schon Ende 1948/Anfang 1949 ergab eine Publikumsbefragung, daß neunzig Prozent der Kinobesucher gegen sogenannte Trümmer- und Heimkehrerfilme sind. Sie haben so viele Trümmerfilme gesehen – und noch dazu schlechte!

Der dritte Mann freilich, ein in Wien gedrehter, englischer Trümmerfilm, wird nicht nur einer der ganz großen internationalen Erfolge, sondern auch in Deutschland ein Kassenfüller. Und ein wesentlicher Beitrag zur Karriere von Orson Welles – fast zwanzig Jahre später wird Fröbe mit *Goldfinger* seinen Welterfolg feiern, weil der schwergewichtige Orson Welles den Produzenten dafür zu teuer war!

Jetzt aber, zu Beginn der fünfziger Jahre, suchen die Filmproduzenten verzweifelt nach Themen und Typen, fragen sich, was wohl in Frage kommen könnte, wen oder was das Publikum überhaupt sehen will.

Nur diesen Gert Fröbe, der schon wenige Monate nach Beendigung der Dreharbeiten zur *Berliner Ballade* zusehens zunimmt, den will keiner.

Jetzt, zwei, drei Jahre später, könnte er auch nicht mehr den ›Otto Normalverbraucher‹ spielen, bestenfalls den Schieber und Schwarzhändler, den Aribert Wäscher so unvergeßlich darstellte.

Aber nicht nur das Gesicht wird voller.

Der ganze Fröbe nimmt zu, viel zu schnell, viel zu viel.

Obwohl es ihm bestimmt nicht wie der Made im Speck geht.

Er kehrt wieder zum Kabarett zurück, tritt im Zirkus auf. Mit Sammy Drechsel zum Beispiel. Im *Circus Belli*. Fröbe stellt in einer hinreißenden Pantomine einen bekannten Boxchampion dar, Sammy Drechsel kommentiert in bester Reportermanier.

Fast fünfundzwanzig Jahre später wird er in Sammy Drechsels *Münchner Lach- und Schießgesellschaft* mit seinem Programm *Durch Zufall frei* auftreten und rauschenden Beifall ernten.

Vorerst aber tut sich für Fröbe nichts, rein gar nichts.

Am Beginn der fünfziger Jahre ist Fröbe so gut wie arbeitslos. Was heißt hier ›so gut wie‹? Will jemand etwa diese klitzekleinen Halb- oder Ein-Tagesrollen gar als Arbeit, als Basis für ein einigermaßen ordentliches Einkommen bezeichnen?

Gert Fröbe hat mittlerweile seine Jugendfreundin Clara Peters geheiratet und hat mit ihr einen kleinen Sohn Utz.

Familienvater Fröbe hat viel Zeit für ihn, sehr viel Zeit...

Gelegentlich verdient er sich die Brötchen auf Kleinkunstbühnen, pflegt die Interpretation eigenwilliger Gedichte und arbeitet in erster Linie pantomimisch. Er hat rundum gute Kritiken, aber was hilft es schon, wenn ein Kritiker beispielsweise lobt: »Wenn er nach innigen und ernsten Versen Christian Morgensterns ›Fisches Nachtgesang‹ rezitiert, bleibt keine Seele ungefeuchtet.«

Was nützt es schon, wenn Friedrich Luft über Fröbes hervorragende Darstellung des taubstummen Stallknechtes Jan in dem Zirkusfilm *Salto Mortale* – eine Chargenrolle, die nicht einmal im Filmprogramm vermerkt ist – schreibt: »Dreimal so dick, dreimal so gut wie in *Berliner Ballade* – wäre der Film in Amerika gedreht worden, würde Fröbe einen ›Oscar‹ dafür bekommen.«

Was nützt es schon, wenn die Kritik des Filmes *Der Tag vor der Hochzeit* die winzige Rolle des Rundfunkreporters, in der Gert Fröbe vom Dach des Göttinger Rathauses mit köstlichem Elan einen Staatsbesuch kommentiert, extra erwähnt?

Was nützt es, daß er in der Rolle des schwarzgelockten (!) Gondoliere in dem Film *Die vertagte Hochzeitsnacht* in den Kanälen von Venedig einem frischgetrauten Ehepaar mit ein paar

Brocken Deutsch in stark sächsischem Akzent den Weg weisen und behilflich sein darf?

Bei den Produzenten gilt Fröbe als abgeschrieben. Keiner will ihn haben, sie können mit ihm nichts anfangen.

Und das jahrelang.

Gert Fröbe wendet sich dem Drehbuchschreiben zu. Gemeinsam mit Günter Weisenborn schreibt er den Film *Das Ende* über

»Knacker-Paule« ist sichtlich müde. Gert Fröbe in ›Der Gauner und der liebe Gott‹ (1960).

Karl Valentin, der ihn mit der Bemerkung »Die Narren dürfen nicht aussterben!« zum Weitermachen ermutigt hatte.

Fröbe will darin eine Doppelrolle spielen, einen jungen und einen alten Mann.

Es wird nichts daraus.

»Wie könnten Narren müde werden!«, sagte Franz Kafka einmal.

Gert Fröbe schreibt einen Kurzfilm. *Das große Lalula* von Morgenstern will er auf Zelluloid zum ›großen Welttheater‹ machen. Klassisch, opernhaft, antik stellt er sich das vor . . .

Es wird nichts daraus.

»In dieser Zeit«, erzählt Fröbe später, »tat sich geschäftlich für mich herzlich wenig. Es gab Wochen und Monate, da hockte ich daheim und hypnotisierte förmlich das Telefon. Aber es klingelte nicht. Kein noch so winziges Angebot, keine noch so winzige Rolle, rein gar nichts!«

Gert Fröbe wurde zunehmend verbitterter. Bot man ihm dann doch einmal gar eine Zwei-Tagesrolle an, sächselte er sarkastisch zurück: »Nu, sagen Sie Fräulein, reicht denn nicht auch ein Tag?«

»So auch, als man mich für die kleine Rolle des Kapitäns in *Mannequins für Rio* engagieren wollte. Ich fragte ironisch zurück: »Hätten Sie nicht eine Rolle mit nur *einem* Drehtag?«

»Tatsächlich«, bekräftigte Fröbe, »mir hing dieses ganze Gewurschtel schon zum Hals heraus. Das war doch alles Käse! Aber dann lenkte ich doch ein, man mußte ja schließlich leben!«

Und indirekt sollte diese Rolle des bärbeißigen, schmuddeligen Kapitäns, der ein paar nichtssagende Worte in die finstere Nacht zu brummen hatte, ausschlaggebend für die weitere Karriere des Schauspielers Gert Fröbe sein.

Es ist sein zehntes oder zwölftes Engagement im Film.

Gedreht wurde in München-Geiselgasteig. Der Film, der im Ausland auch *Sklaven für Rio* hieß, wurde in deutscher und englischer Version hergestellt.

Die Szene: Irgendwo im Dschungel Brasiliens hat ein alter Dampfer, die ›Palacio de Oro‹, ein verrosteter ›Seelenverkäufer‹ festgemacht. Es ist Nacht. Die Kabinenfenster sind erleuchtet.

Gert Fröbe und Hannelore Görts.

Die Gangway des Schiffes ist heruntergelassen. Ein Wagen fährt dicht an den Steg heran. Drei Männer steigen aus und öffnen die hintere Tür des Autos um ein Mädchen herauszutragen, das offenbar bewußtlos ist.

Als die Männer das Mädchen an Deck schleppen, tritt ihnen ein schlampig angezogener, dicker Kapitän entgegen. Der plump und behäbig wirkende Mann scheint angetrunken und greint mit schwerer Zunge: »Schon wieder eine. Warum sucht ihr euch gerade mein Schiff aus?«

»Gegen zwei Uhr nachts war die deutsche Version fertig«, erinnert sich Fröbe. »Als wir gleich anschließend noch die englische Fassung in den Kasten kriegen wollten, hatte ich auf einmal Mattscheibe. Ich hatte mich schon zweimal versprochen und nun riß mir mitten in der Szene endgültig der Faden, ich hatte einen ›Hänger‹! Ich wußte nicht mehr weiter und sagte laut und vernehmlich ›Scheiße‹!

Fröbe muß es recht herzhaft, voller Überzeugung und mit tiefer Inbrunst gesagt haben.

Denn die Antwort war schallendes Gelächter, hinter den gleißenden Scheinwerfern, wo fünf Männer standen und sich köstlich über diesen überzeugenden Gemütsausbruch amüsierten.

»Nach der Szene sprach mich einer von ihnen an, und wir unterhielten uns eine Weile«, schildert Fröbe die nächtlichen Dreharbeiten. »Es war ein französischer Filmagent, den mein Zornausbruch sehr erheitert hatte. Ich sagte ihm meinen Namen, und wir sprachen noch kurz über allgemeine, belanglose Dinge.«

Doch dieses einzige, noch dazu so unfeine Wort, sollte – natürlich nur indirekt – zum Beginn seiner sensationellen Auslandskarriere werden.

An die winzigen Rollen Fröbes in jenen Tagen erinnert sich Schauspielkollege Eduard Linkers: »Wir teilten uns eine Rolle in dem Orson-Welles-Film *Mr. Arcadin*. Ich spielte einen englischsprechenden Detektiv, und Gert Fröbe hatte in Sächsisch einige Worte zu sagen, die ich ins Englische übersetzte.«

Der Film wurde unter anderem in München gedreht und lief in den Kinos auch unter den Titeln *Confidential Report* und *Herr Satan persönlich*.

Nach den Dreharbeiten bemerkte Orson Welles scherzhaft über den hageren rotblonden Sachsen: »He's a Ham like any other. But I'm the better one.«

Was im schlichten Deutsch heißen soll: »Er ist ein Schmierenkomödiant wie jeder andere, aber ich bin der bessere.«

Solche Worte aus dem Munde eines Orson Welles – sie sind fast schon eine Auszeichnung.

Erster Erfolg im Ausland

Im Juni 1953 heiratet Gert Fröbe zum zweitenmal, die Film-
kritikerin Hannelore Görts.

Was macht ein frischgebackener Ehemann, der nur mäßig und
gelegentlich beim Film beschäftigt ist?

Er hängt Gardinen auf.

Da klingelt das Telefon. Ein Ferngespräch. Paris ist an der
Leitung, ein französischer Filmagent am Apparat. »Sie sind mir
von einem Kollegen empfohlen worden, der Sie vor einiger Zeit in
München-Geiselgasteig gesehen hat. Bitte kommen Sie so schnell
wie möglich zu Probeaufnahmen nach Paris. Nehmen Sie morgen
früh die erste Maschine.«

Der Mann hatte leicht reden. Fröbe war wieder einmal so gut
wie arbeitslos und deshalb auch ziemlich abgebrannt. Woher Geld
für ein Flugzeug nehmen?

Geistesgegenwärtig antwortete er: »Ausgerechnet morgen habe
ich einen wichtigen Termin. Aber übermorgen – da könnte ich bei
Ihnen sein. Allerdings mit dem Wagen, ich fliege nicht gerne.«

Das war natürlich eine fromme Lüge.

Fröbe flitzte wie ein geölter Blitz zu seiner Tankstelle, wo er
immer seinen alten ›Adler – Zwei Liter‹ reparieren ließ. Hände-
ringend bat er den Besitzer: »Ich muß unbedingt nach Paris.
Leihen Sie mir bitte fünf Kanister Benzin.«

Der Mann hatte Verständnis für des Schauspielers Nöte und
lieh ihm den dringend benötigten Sprit.

Fröbe braust los, kommt aber nicht weit. Das Kolbenlager fliegt
raus. Der Wagen muß acht Stunden lang repariert werden.

»Ein Münchner Freund mußte mir aus der Patsche helfen und
telegrafisch die Werkstattrechnung bezahlen.«

Als Fröbe schließlich erheblich verspätet, nervös und abge-
spannt nachts in dem luxeriösen *Hotel Napoleon* eintraf, wo man
ein Zimmer für ihn reserviert hatte, bekam er gleich einen Riesen-
Schreck: Pro Nacht beinahe zweihundert Mark!

»Aber schon am nächsten Morgen erhielt ich einen Brief der französischen Filmproduktion: ›Das Hotel gehe selbstverständlich auf ihre Kosten. Anbei seien noch tausend Mark für meine laufenden Spesen. Ich solle mich für Probeaufnahmen bereit halten und im übrigen – viel Vergnügen in Paris!‹ Da fiel mir ein Stein vom Herzen«, erzählt Fröbe.

Vorerst allerdings brachte der Agent seinen Gast mit dem Wagen vor ein kleines Bistro am Montmartre. Dort bot er Fröbe, in das Lokal hineinzugehen und so zu tun, als ob er jemanden suche. Als sich die mächtige Gestalt des Deutschen durch das volle Lokal schob, löste das rundum Heiterkeit aus.

Kopfschüttelnd, weil er absolut nicht verstand, was hier gespielt wurde, verließ Fröbe die Bar – hinter ihm drei prustende Gestalten.

Fröbe wurde den dreien vorgestellt: Unter ihnen Regisseur Jules Dassin und sein Produzent, die unmittelbar vor Drehbeginn zu ihrem *Rififi*-Film standen.

Grund der plötzlichen Heiterkeit: Fröbe war für die Rolle eines schlanken Einbrechers gedacht, der sich behende durch ein schmales Loch in die Decke in den Tresorraum zwängen sollte.

Das hätte der mittlerweile mit 227 Pfund recht prall gewordene Sachse nie und nimmer geschafft – auch nicht nach einer radikalen Abmagerungskur.

Somit wurde aus diesem Projekt, aus optisch durchaus sichtbaren Gründen nichts. Die Rolle des Einbrechers spielte dann der deutsche Schauspieler Carl Möhner.

Aber Regisseur Yves Ciampi holte Fröbe als zweiten Deutschen neben Curd Jürgens in das internationale Team für *Die Helden sind müde.*

Gert Fröbe spielt darin den ›Roten Hermann aus Dresden‹, der als Spitzenfunktionär in Ost-Deutschland die Agrar-Kollektive zu reparieren versuchte. Aber das ging schief. Nun repariert er Uhren in einem Eingeborenenstaat in Afrika, wohin es Menschen aus aller Herren Länder verschlagen hat. Curd Jürgens ist der West-Deutsche. Fröbe auch im Film ein Sachse mit wachsweichem Gemüt. Sein sentimentaler Hang zu Weihnachtsliedern, sein brennendes Heimweh nach grünen Wiesen – er hat so gar nichts Heldenhaftes mehr an sich. Wie alle anderen, will auch er nicht mehr kämpfen, ist froh, den Krieg hinter sich zu haben – die Helden sind eben müde.

Der Film wird in französischer Sprache gedreht.

Gert Fröbe hatte in der Schule in Französich immer eine Fünf, nach der damaligen Notenskala die schlechteste Bewertung.

»Deshalb bin ich auch einmal sitzengeblieben«, gibt der Schauspieler offen zu.

Fröbe lernt seine Rolle also phonetisch, Partner Yves Montand hilft ihm dabei in selbstloser Weise. »Etwas das ich ihm nicht vergessen werde«, sagt Fröbe.

›Les héros sont fatigués/Die Helden sind müde‹ (1955), eine deutsch-französische Gemeinschaftsproduktion, mit Gert Fröbe und Curd Jürgens. Die Starkarriere des einen (Jürgens) nahm bereits internationale Züge an, die des anderen (Fröbe) ließ noch auf sich warten. Den Film inszenierte Yves Ciampi.

Bei der Abschiedsfeier für die beiden deutschen Darsteller überreicht ihm Regisseur Yves Ciampi als Geschenk ein Lederetui. Inhalt: ein Vertrag für zwei weitere Hauptrollen in französischen Produktionen innerhalb des kommenden Jahres. Außerdem ein Vertrag mit einem Französischlehrer, der Fröbe mehrere Wochen lang auf Kosten der Produktion unterrichten soll.

Fröbe: »Wir haben die ganze Nacht getrunken, vor Freude geweint und gelacht. Wir wurden Freunde.«

Regisseur Ciampi stellte ihn auch persönlich seinen Landsleuten im französischen Fernsehen vor. »Diesen Monsieur Fröb' müssen Sie sich merken!«, sagte er. »Denn er wird im Film noch eine große Rolle spielen. Ich bin überzeugt, er wird ein neuer Harry Baur.«

Die Kritik lobte *Die Helden sind müde:* »Ein exzellenter Film, eine exzellente Besetzung, die wahr spricht und ehrlich spielt.« Und: »Noch niemals vielleicht hat man mit derartiger Brutalität ausgedrückt, daß es kein Mittel zur Flucht gibt. Die außergewöhnlich gute Interpretation rührt unser innerstes Gemüt, zeigt Probleme aus dem reichen Schatz der Gegenwart.« Bedauert wurde lediglich, daß dieser Film erst nach Yves Montands überragendem Erfolg *Lohn der Angst* auf die Leinwand kam.

Die Helden sind müde wird ein Erfolg, ein Welterfolg sogar. Und ein Sensationserfolg für die beiden Deutschen Curd Jürgens und Gert Fröbe.

Plötzlich scheint er gefragt zu sein.

Er, den jahrelang niemand wollte, bei dem jeder Produzent abwinkte: »Ach was, viel zu unbekannt!«

Er, von dem die Filmbranche jahrelang nichts wissen wollte, dem die Rolle des Otto Normalverbraucher anhaftete wie dem Leibhaftigen Pech und Schwefel, er war plötzlich wieder wer – noch dazu im Ausland.

Die dunkle Wegstrecke, die Jahre bitteren Vergessenseins – sie schienen mit einem Schlag weggewischt.

Regisseur Ciampi versprach nicht zuviel. Bald wird jeder Taxifahrer, jeder Flic an der Ecke, das Gesicht des Deutschen Fröbe kennen.

Noch bevor der als kompromißlos bekannte Regisseur Jules Dassin ihn für seinen Film *Der Mann, der sterben muß* holen kann, fährt Ciampi mit seinen Hauptdarstellern Jean Marais und Danielle Darrieux sowie Gert Fröbe nach Japan, um dort die erste französisch-japanische Gemeinschaftsproduktion *Taifun über Nagasaki* zu drehen.

Für die Liebesgeschichte eines Franzosen und einer jungen Japanerin – der japanische Spitzenstar Kishi Keiko spielte die Noriko – im Schatten einer gewaltigen Naturkatastrophe, ist der deutsche Kaufmann Ritter eine Art Schlüsselfigur. Gert Fröbe spielt diesen Deutschen Ritter, der tief in die fernöstliche Denkungsart eingedrungen ist, vom Zauber der Landschaft und der uralten Kultur Nippons so sehr gefesselt wird, daß er niemals mehr in seine Heimat zurückkehren will. Er hat sich die Lebensweisheit des Fernen Ostens zu eigen gemacht. Für ihn gilt nur der Mensch, frei von den Zufälligkeiten nationaler Bindung, Erziehung und ererbter Lebensweise.

Man muß Gert Fröbe von seinen japanischen Abenteuern berichten hören, um zu begreifen, wie sehr er diese Reise genoß: »Japan kam mir vor, wie das Paradies in unseren Tagen. Diese ausgeprägte Höflichkeit, Herzlichkeit und Ehrlichkeit dieser Menschen hat mich lange nicht losgelassen. Man muß selbst einmal dort gewesen sein, um das annähernd verstehen zu können«, schwärmt der Schauspieler heute noch. »Ich fühlte mich in Japan fast zu einem Gott erhoben.«

Das muß man so sehen: Während in unseren europäischen Breitengraden Korpulenz oft mitleidig belächelt wird, ist das Schönheitsideal der Japanerinnen, ein Mann, der viel auf die Waage bringt, weil er buddhaähnliche Proportionen hat.

Fröbe fühlte sich während der viermonatigen Dreharbeiten in Japan immer sehr geschmeichelt, wenn er hünenhaft durch die Stadt spazierte und sich viele reizende Persönchen mit einem leisen Seufzer der Bewunderung nach ihm umdrehten.

Diese fast buddhaähnliche Verehrung von Fröbes gewichtiger Erscheinung war auch während der Dreharbeiten von Vorteil. Zumindest einmal in einer kniffligen Angelegenheit.

Mit spitzbübischem Lächeln erinnert Fröbe sich: »Einige Meter Film waren verdorben und sollten nachgedreht werden. Ausgerechnet mit Jean Marais, der schon dringend abreisen mußte. Einzige Lösung: Überstunden bis in die Nacht hinein. Es wurde neun, im Atelier wurde mit Hochdruck gearbeitet, als plötzlich seltsame Unruhe entstand. Kein Wort war zu hören, aber jeder der achtunddreißig japanischen Arbeiter ließ das, was er gerade gemacht hatte, stehen und ging mit kleinen behutsamen Schritten nach vorn.«

Dort ordneten sich alle zu einer hübschen Gruppe, lächelten überaus gewinnend und zelebrierten gemeinsam eine ihrer tiefen Verbeugungen. Ihr Dolmetscher trat einen Schritt vor.

»Wir gaben uns Mühe, ebenso gewinnend zurückzulächeln, denn wir dachten, jetzt kommt die Abschiedsrede für Jean Marais.«

Was aber kam, waren nur die betont ruhig gesprochenen Worte: »Wenn Sie gestatten, bitte schön vielmals, dann werden wir jetzt nach Hause gehen.«

Das Lächeln der Europäer starb einen schnellen Tod: Das konnten die doch nicht machen!

Der französische Produzent ließ übersetzen, daß er nicht daran denken würde, so etwas zu gestatten. Ob sie denn nicht wüßten, daß der Film fertig werden müsse?

»Doch das schon«, antwortete der Dolmetscher unter einer neuerlichen Verbeugung. »Aber die Arbeiter, bitte schön, sind nicht gefragt worden, ob sie denn auch Lust hätten, Überstunden zu machen.«

Das also war es.

Regisseur Ciampi schaltete sich ein. »Es gäbe auch doppelten Lohn«, lockte er.

»Das sei unwichtig, bitte schön«, meinte höflich der Dolmetscher.

Tief bekümmert sucht die Japanerin Noriko bei ihrem väterlichen Freund, dem deutschen Kaufmann Ritter, Trost, als sich der Mann, den sie liebt, von ihr abgewandt hat. Eine Szene mit Gert Fröbe aus ›Typhon sur Nagasaki‹ (Taifun über Nagasaki/Liebe und Taifun über Nagasaki, 1957).

24

»Dreifacher Lohn« steigerte der Produzent, dem allmählich Angst und Bange um seinen Film wurde.

»Unwichtig, bitte sehr vielmals, wenn Sie gestatten«, antwortete der Dolmetscher fast tonlos. »Wir sind nicht gefragt worden, wir gehen.«

Ratlosigkeit und Verärgerung auf französischer Seite. Stummes, aber sehr höfliches Lächeln auf der japanischen. Dann Telefonat mit dem japanischen Co-Produzenten, eine Art Hilferuf. Bedauernde Antwort von dort: »Auch ich kann da leider gar nichts tun.«

Da trat Gert Fröbe und Jean Marais vor. Marais sprach ein paar Worte, deutete dabei auf Fröbe.

Kurze flüsternde Beratung bei den Japanern. Tiefe Massenverbeugung, allgemeines Lächeln: »Ja jetzt, bitte sehr vielmals, werden wir Überstunden machen«, übersetzte der Dolmetscher.

Um zwei Uhr nachts war alles fertig.

Am anderen Morgen sollte der Überstundenlohn ausbezahlt werden.

»Nein, wir nehmen selbstverständlich nichts, »ließen die japanischen Arbeiter in blumenreichen Worten mitteilen. »Was wir getan haben, haben wir alles getan für diesen Mann« – dabei wiesen sie respektvoll auf Gert Fröbe – und den ehrenwerten Maraissan. »Aus Freundschaft, wenn sie gestatten, bitte sehr vielmals. Nicht für Geld. Obwohl man uns ja auch hätte fragen können, bitte sehr vielmals ...«

Verständlich, daß bei so viel huldvoller und kultvoller Verehrung Fröbe gar nicht glücklich war, als ihn ein Telegramm der Produktionsfirma für seinen nächsten französischen Film *Der Mann der sterben muß* zurück nach Europa holte.

Fröbe erhielt für die Rolle des weißhaarigen Dorfpatriarchen eine sechsstellige Gage – damals alte französische Francs – aber immerhin doch ein respektables Sümmchen.

Es wurde für einige Zeit Fröbes markanteste, alles überragende Rolle. In Jules Dasseins Film nach Kazantzakis Buch *Der wiedergekreuzigte Christus* spielte Gert Fröbe einen griechischen Dorfbürgermeister des unter türkischer Herrschaft stehenden Dorfes

Jules Dassin verpflichtete Fröbe als weißhaarigen Patriarchen eines grie-
chischen Dorfes, das unter türkischer Herrschaft steht. Der französisch-
italienische Film trägt die Titel ›Celui qui doit mourir/Colui che deve
morire‹ (Der Mann, der sterben muß, 1957). Links neben Gert Fröbe
erkennt man Maurice Ronet.

Lycovrissi, in das besitzlose, flüchtige Landsleute kommen, um
eine neue Heimat zu finden. Aber der reiche, sich stets an her-
kömmliche Ordnung haltende Mann will nichts mit ihnen zu tun
haben und versagt vor dem Anspruch einer neuen Zeit. Er ver-
liert darüber seinen Sohn und stirbt an dieser Enttäuschung.

Das hervorragende Porträt des Patriarchen, der unmenschlich
handelt, und dennoch menschliche Züge behält, war schon sehr
bald nach dem grandiosen Filmerfolg ein Stück Filmgeschichte
und brachte Fröbe in der Gunst des Publikums ein gehöriges Stück
voran.

Zur Galapremiere holte der Star seine Mutter aus der Ostzone
nach Paris:

»In meiner Jugend hatte mich Mutter immer vor den Gefahren der Großstadt gewarnt. Vor Dresden, vor Berlin. Und natürlich besonders vor diesem unmoralischen Paris, diesem Sündenbabel«, erzählt Fröbe mit verschmitzter Miene.

Als beide dann am späten Abend in der Seine-Metropole mit dem Auto einfuhren, setzte Mutter gleich ihre Brille auf und sagte: »Das Licht! Och – das viele Licht!«

So eine funkelnde glitzernde Fülle war die gute Frau aus der »Ostzone« natürlich nicht gewohnt. Aber dann meinte sie: »Is ja eegentlich keen Wunder, daß hier alles so deuer is! Das muß ja ooch alles bezahlt wern.«

Womit sie zumindest in der Sache so unrecht nicht hatte.

Fröbe lacht heute immer noch, wenn er erzählt, wie er seine Mutter zum ersten Mal in das weltberühmte Nachtkabarett *Foliès Bergères* geführt hat. So sehr Mutter ihn nämlich früher vor den Verlockungen der großen Städte gewarnt hatte – neugierig war sie nun doch.

»Einige der Episoden, die sich da abspielten, waren reif für einen Kurzfilm«, sagte Fröbe und reibt sich vergnügt das Kinn. »Erstaunlicherweise war Mutter keineswegs entsetzt über das viele nackte Fleisch, das da auf der Bühne geboten wurde. Sie hat vielmehr über einige der Striptease-Tänzerinnen unprogrammgemäß laut gelacht, daß sich das Publikum nach ihr umdrehte.«

Dann kam das große Ereignis, die Galapremiere des Films, zu der nicht nur die ganze Pariser Society, sondern auch der französische Staatspräsident René Coty geladen war.

Für den Abend wollte Gert Fröbe seine Mutter in einem Pariser Modesalon neu einkleiden. »Aber sie ließ es nicht zu. Als gelernte Schneiderin hatte sie sich ihre Abendgarderobe schon daheim in Planitz selbst genäht. Nur eine kleine Nerzkrawatte durfte ich ihr schenken.«

An der Fassade des Premieren-Kinos hing ein riesengroßes Porträt, das Gert Fröbe zeigte. »Mutter konnte kaum den Blick davon wenden. Dann schritten wir über den roten Teppich, vorbei an der Nationalgarde mit ihren blitzenden Helmen, während die Kameras der Wochenschau und des Fernsehens surrten. Meine

Nach Hermann Sudermanns Novelle entstand der Film ›Jons und Erdme/ Mein Leben für Dich/La Donna dell'Altro‹ (1959) unter der Regie von Victor Vicas. Gert Fröbe spielt in diesem Film den ehemaligen russischen Seemann Smailus, der im Moor heimlich eine Schnapsbrennerei betreibt. Eine Szene mit Gert Fröbe, Helga Münster und Giulietta Masina.

Mutter war begeistert, als die Damen der Gesellschaft in ihren Roben von Christian Dior und Pierre Cardin hereinrauschten.«

Dann lief der Film.

Am Schluß bei der großangelegten, großartigen Sterbeszene des Patriarchen – sie dauert sieben volle Minuten – begann das Publikum zu schluchzen, auch Fröbes Mutter.

Den Mühlbergs (Camilla Spira und Gert Fröbe) wurde übel mitgespielt. Sie hatten sich mit Bomberg eingelassen und landeten im feuchten Schloßgraben. Eine Szene aus ›Der tolle Bomberg‹ (1957), worin Hans Albers die Titelrolle spielte.

Als das Wort ›Ende‹ verdämmert war, das Licht im Saal aufflammte, scheinen die Zuschauer für Sekunden gelähmt. Bedrückende Stille rundum. Dann braust der Beifall auf, will der Jubel kein Ende nehmen.

Präsident Côty bittet die Schauspieler mit einem livrierten

Diener zu sich in die Staatsloge. Die Scheinwerfer der Kamera-leute gehen erneut an und Mutter Fröbe sieht wie der französische Präsident ihrem Sohn – der daheim immer ›der Kleene‹ war – zu seinem überwältigenden Erfolg gratuliert und die Hand schüttelt.

Nach diesem dritten französischen Filmerfolg Fröbes schrieb *France Dimanche:* »Dieser deutsche Schauspieler ist unserem französischen Publikum so bekannt, wie das deutsche Wirtschaftswunder.«

Die Mutter aber schien solch rauschender Erfolg völlig geschafft zu haben. Denn als Sohn Gert am nächsten Morgen in ihr Hotel-zimmer kam, lag sie apathisch im Bett, bis er fragte: »Aber Mutter, was ist denn? Du mußt doch aufstehen! Wir wollen doch jetzt los-fahren. Ich möchte dir Frankreich zeigen. Ein bißchen Côte d'Azur und die Pyrenäen.«

Da schüttelte die Mutter nur den Kopf und meinte: »Laß nur sein, Junge. Ich weiß, Du meinst es gut. Aber ich möchte lieber nach Hause fahren und mir den Eindruck von gestern abend bewahren.«

Als Mutter Fröbe ein Vierteljahrhundert später, daheim in Planitz starb, hatte sie die Nerzkrawatte, die ihr Sohn Gert anläßlich dieser Premiere schenkte, um den Hals gelegt.

In Frankreich daheim

Ganz plötzlich also war dieser Gert Fröbe wieder gefragt. Auch bei deutschen Produzenten und Regisseuren.

Es waren zwar noch nicht die allergrößten Rollen die sie ihm anboten, aber sehr bald schon sollte die eine oder andere recht bemerkenswerte darunter sein.

Nach seinem ersten Auslandserfolg mit *Die Helden sind müde*, sah die Liste seiner deutschen Filme unter anderem so aus: *Das Forsthaus in Tirol* (1955), *Ein Mädchen aus Flandern* (1955, mit Viktor de Kowa), *Ein Herz schlägt für Erika* (1955, mit Grethe Weiser), *Waldwinter* (1956), *Robinson soll nicht sterben* (1956, mit Romy Schneider), *Der tolle Bomberg* (1957, mit Hans Albers), *Das Herz von St. Pauli* (1957, mit Hans Albers) *Grabenplatz 17* (1958) und *Nasser Asphalt* (1958, mit Martin Held und Horst Buchholz) – alles recht ansehnliche Filme.

Aber der Erfolg heißt hier noch nicht Fröbe.

Zwar hatte sich in den letzten Jahren in der Filmbranche nicht nur der Erfolg Fröbes im Ausland herumgesprochen, sondern auch der Umstand, daß er in der Lage war, selbst aus den kleinsten Rollen, eine ausgefeilte Charakterstudie zu machen. Er spielte diese Rollen – meist waren es recht handfeste Kerle, die Herz und Gemüt unter rauher Schale verbargen – mit der urwüchsigen, künstlerischen Kraft des Komödianten, der noch aus der neben-sächlichsten Kleinigkeit eine großartige Darstellung machen kann.

Aber immer noch wollte dieser Fröbe seinen schweren Anfang nicht vergessen, wollte einfach nicht verwinden, daß man ihn jahrelang nicht ausreichend beim Film beschäftigt, vor allem nicht die richtigen Rollen gegeben hatte.

Josef von Baky drehte 1956 nach einem Drehbuch von Johannes Simmel den Film ›Robinson soll nicht sterben‹. Gert Fröbe verkörperte hierin den Mr. Gillis, den Besitzer einer Baumwollspinnerei.

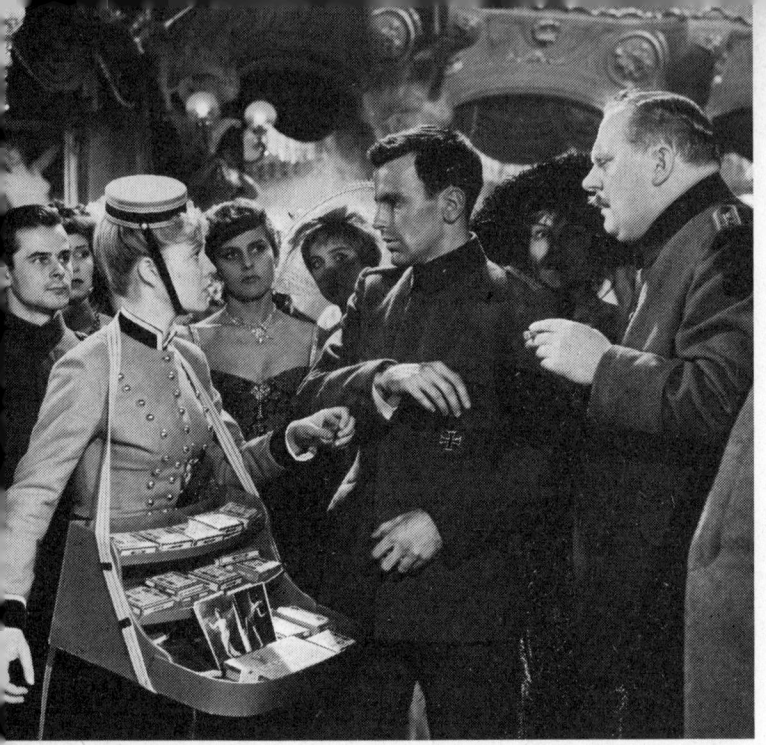

Gert Fröbe als Rittmeister Kupfer im besetzten Flandern während des Ersten Weltkrieges. Dieses Foto aus dem Helmut-Käutner-Film ›Ein Mädchen aus Flandern‹ (1955) zeigt Nicole Berger, Maximilian Schell und Gert Fröbe.

Rechts: Gert Fröbe diesmal als Oberförster Gerstenberg. Wolfgang Liebeneiner setzte den vielseitigen Charakterdarsteller in seinem schlesischen Heimatfilm ›Waldwinter‹ (1956) ein.

Er war voller Ironie, da man ihm nun nach seinen Auslandserfolgen in der Heimat doch wieder Rollen gab, die er einfach nicht ernst nehmen konnte. So erklärte er einmal bei einer Premierenfeier in seiner sarkastischen, nicht gerade leisen Art vor versammeltem Publikum, bevor der Film begann: »Und jetzt meine Damen und Herren, werden sie einen Film sehen, der mit Kunst nicht das geringste zu tun hat!«

Nun haben Produzenten bekanntlich mit Kunst nur selten was im Sinn. Aber so deutlich, wie es dieser Fröbe sagte, noch dazu bei denkbar unpassender Gelegenheit – so deutlich wollte es niemand gesagt wissen.

In den vergangenen Jahren hatten Filme wie *Grün ist die Heide* (1951), *Im Weißen Rössl* (1952), *Wenn der weiße Flieder wieder blüht* (1953), *Der Förster vom Silberwald* (1954) und *Ich denke oft an Piroschka* (1955), die Besucherzahlen in Deutschland stetig steigen lassen.

Jetzt aber 1956, stagnierten die Zuschauerzahlen. Obwohl Romy Schneider in *Sissi, die junge Kaiserin* (1956) und ein Jahr später in *Sissy, die Schicksalsjahre einer Kaiserin,* dem Publikum gar lieblich die Tränen in die Äuglein drückte.

Mittlerweile hatte auch das Fernsehen immer mehr an Bedeutung gewonnen, lieferte Unterhaltung gewissermaßen frei Haus.

Den Produzenten schauderte, wieder suchten sie nach Stoffen, nach guten Einfällen. Wie wäre es denn mit einer *Berliner Ballade 57* oder *58*?

»Vielleicht gar nicht schlecht«, befinden einige. Da gibt es doch auch schon irgendwo so etwas wie ein Drehbuch!

Nur so recht ran, so in die Vollen langen, das mag keiner. Denn der Otto Normalverbraucher von damals, der vor Schwäche fast bei jedem Schritt zusammenbrach, ist inzwischen – man sieht das ja am besten an diesem Herrn Fröbe – zum dicken, feisten Generaldirektor avanciert. Wie das im Zeichen des Wirtschaftswunders nun mal so ist.

Das Treatment: Eines Tages erhält dieser gute Mann die Aufforderung zur Musterung. Er läßt sich vom Chauffeur in seinem Mercedes 300 vorfahren. Der Stabsarzt, der den armen Otto von

---

Geld macht nicht glücklich . . . das sieht man diesem ungleichen Pärchen auf den ersten Blick an. Dem höchst fragwürdigen Geschäftemacher Jabowski (Gert Fröbe) quellen die DM-Scheine nur so aus den Taschen, aber es ist keineswegs ihre anrüchige Herkunft, die das kesse Liebchen (Mady Rahl) veranlaßt, an seiner weißen Weste zu zweifeln. Eine Szene aus dem Film › Das Herz von St. Pauli‹ (1957).

einst sofort »kv« schrieb, obschon der sich nicht einmal richtig auf den Beinen halten konnte, nimmt den gewichtigen Konzernherrn sofort zur Seite. »Sie sind untauglich, Herr Generaldirektor«, flüstert er ihm ins Ohr, ohne ihn überhaupt untersucht zu haben. »Untauglich«, wundert sich Otto, »ich fühle mich frisch wie der Fisch im Wasser.« Sie sind trotzdem untauglich, Herr Generaldirektor. Außerdem – ist in Ihrem Konzern nicht mal ein hübsches Pöstchen frei...?«

Verständlich, daß sich da kein Produzent so recht ranwagen will. Zumal Humor über solche Zustände in deutschen Landen kaum vorhanden ist.

Später wird Fröbe, als das Projekt von Produzent Walter Koppel mit dem *Wir Wunderkinder* und *Spessart* – Hoffmann als Regisseur ernsthaft erwogen wird, dazu »Nein« sagen, weil er, »keinesfalls nur als vollgefressener Sack Sülze über die Leinwand schnulzen will.«

Da dreht er schon lieber in den Pariser Ateliers *Billancourt* seinen vierten und fünften französischen Film.

Und das gleichzeitig.

Der eine heißt *Echec au Porteur* und ist ein handfester Krimi-Reißer nach *Rififi*-Art unter der Regie von Gilles Grangier.

Es geht um einen mit Sprengstoff gefüllten Fußball, der bei einer bestimmten Temperatur explodieren soll und einen Tag lang von Hand zu Hand wandert. Die Schlußszene: Polizisten räuchern mit Tränengas eine Wohnung aus, vor Dunstschwaden ist kaum etwas zu sehen. Die Gangster bringen sich gegenseitig um. Gert Fröbe schießt auf Reggie Nalder (bekannt aus *Der Mann, der zuviel wußte, 1956),* der gleiches tut, nur mit mehr Erfolg. Gert Fröbe, als schwer körperbehinderter Gangsterchef sackt zusammen, fällt massig über den Stuhl, der durch sein Gewicht langsam nach hinten überkippt.

Nachdem diese halsbrecherische Angelegenheit nach einigen Proben abgedreht ist, geht Fröbe in eine andere Halle des gleichen Ateliers, um hier in *Charmants Garcons* einen Millionär, der mit dem ganzen Sexappeal seines Bankkontos erotische Erfolge sucht, zu spielen.

Für seine guten Kunden hat Hotelportier Kleie (Hubert von Meyerinck) stets ein Notizbuch mit ganz bestimmten Adressen bereit. Gert Fröbe spielte in ›Das Mädchen Rosemarie‹ (1958) den Generaldirektor Bruster.

Fröbe hat in diesem sehr französischen Film, der als Pendant zu dem Streifen *Liebenswerte Frauen* gedacht war, die männliche Hauptrolle und damit die längste Sprechrolle. Ein Beweis dafür, daß ihm diese Franzosen, die ihn so vorbehaltlos und herzlich schon vor Jahren aufgenommen haben, Heimatrecht gewähren wollen.

Dieser Film – in deutschen Kinos war er unter dem Titel *Kavaliere* zu sehen – wird Gert Fröbe ein Leben lang unvergeßlich bleiben. Nicht etwa, weil die reizende französische Schauspielerin Zizi Jeanmaire seine Partnerin war. Oder weil bei diesem Film auch in Frankreich bereits der Name »Fröbe« vor der Titelzeile erschien.

Der Grund dafür ist ein ganz anderer, viel profanerer. Wenngleich er in der Geschichte des Films – soweit bekannt – ganz gewiß einzigartig ist.

Für den Darsteller des verliebten Millionärs hatte ein Pariser Couterier schicke weiße Hosen nach Maß gefertigt.

Im Film buhlt Fröbe vergebens um die Gunst der Tänzerin. Sie ist von ihm durchaus nicht so begeistert, wie er es eigentlich erwartet. Sie läßt ihn wegen zunehmender Aufdringlichkeit durch die Garderobenfrau hinauswerfen. Da steht er nun in der Tür, in einer Mischung von gekränkter Eitelkeit und »Alles-noch-gar-nicht-fassen-können« und meint mit treuherzigem Blick und einem berechnenden Appell an ihr Mitgefühl: »Ich bin sehr unglücklich, Madame.«

Das war er dann auch wirklich.

Denn bevor Fröbe an diesem Tag ins Studio gefahren war, hatte er eine wahrlich große Tüte Weintrauben genußvoll verzehrt.

Die Folgen machten sich schnell bemerkbar. Zuerst rumorte es, dann bekam er heftige Bauchschmerzen. Aber er wollte sich mann- und standhaft zeigen, verkniff sich, was da drängte.

Während die Klappe bereits geschlagen, die Kamera surrte und alles ›en toure‹ war – da passierte es.

Mit unaufhaltbarer Vehemenz forderte die Natur ihr Recht. Diesem hinterlistigen Drängen und Dräuen war nichts und niemand mehr gewachsen: Die schöne weiße Hose verfärbte sich. Zizi Jeanmaire verließ fluchtartig die Stätte solchen Wirkens und hielt sich die Nase zu – ihr Partner hatte sich ordentlich in die Hose gepfiffen, wie Berliner so etwas treffend nennen.

Der Kameramann drehte seelenruhig weiter.

Gert Gröbe, in eine alte Wolldecke gehüllt, wurde dann mit einem Lieferwagen in sein Hotel gefahren und durch den Dienst-boteneingang auf sein Zimmer gebracht.

Einige Monate später überbrachte der Postbote im heimatlichen Bayern ein Päckchen – natürlich ohne zu ahnen, welch wertvolles Dokument der Filmgeschichte er hier in Händen hielt.

Denn der Kameramann, der Fröbes Dilemma so hübsch mit-gedreht hatte, machte ihm die etwa hundert Meter Film mit der peinlichen Szene zum Geschenk, »gewissermaßen als Andenken.«

Nicht erst seit diesem denkwürdigen Ereignis war Gert Fröbe von der Arbeit in Frankreich begeistert.

»Bei den deutschen Dreharbeiten muß der Schauspieler früh morgens am Drehort oder im Atelier erscheinen, müssen Frauen um sechs Uhr aufstehen, und sich die Haare waschen und schminken lassen. Dann steht man den Tag über zu neunzig Prozent untätig im Atelier herum und wartet, bis die Szenen aufgebaut und die Ausleuchtungen fertig sind. In den wenigen Augenblicken der Aufnahme sollen die Schauspieler konzentriert sein, die Damen möglichst morgenfrisch lächeln.«

Gert Fröbe, Nadja Tiller und (im Hintergrund) Peter van Eyck in Rolf Thieles Film ›Das Mädchen Rosemarie‹ (1958).

In Frankreich dagegen wird für jeden Schauspieler ein Licht-double engagiert, irgendein Arbeitsloser, der froh ist, für ein paar Mark seinen Kopf hinhalten zu können, während der mühsamen Prozedur des Ausleuchtens. Die Schauspieler sitzen während-dessen in einem Nebenraum, trinken Sekt und üben ihre Dialoge. Wenn die Technik in der Halle fertig ist, heißt es »Die Schau-spieler kommen!« so als hieße es »Die Gladiatoren kommen!« Die Doubles geben den Darstellern kurze Positionsanweisungen und dann beginnt die Szene. Mit frischen Mienen und Konzen-tration auf den Text, in dem sie noch voll und ganz drin sind.

Den Erfolg merkt man am fertigen Film.

Die andere Seite: Gert Fröbe hat bei deutschen Atelierarbeiten erlebt, wie plötzlich alles erstarrte, als der Produzent die Halle betrat. »Der Chef kommt«, flüsterte einer dem anderen zu, heuchelte besonderen Fleiß und hoffte nicht aufzufallen.

In Frankreich dagegen lädt »der Chef« alle Techniker und Hallenarbeiter zweimal wöchentlich nach den Dreharbeiten zu einem Apéritif ein, die Spannungen des Tages lockern sich. Man ist »per Du«, und so hat auch der kleinste Kulissenschieber den Eindruck, ein geschätztes, gleichwertiges Mitglied im Ganzen zu sein. Der Film entsteht dadurch in einer besseren Atmosphäre, und an der Kinokasse zeigt sich der Erfolg.

Solche guten – durchaus richtigen – Ratschläge wollte hierzu-lande aber niemand so recht hören. Schon gar nicht von Gert Fröbe. Bei einem Empfang anläßlich der Deutschland-Premiere eines französischen Filmerfolges fragte einer der Journalisten provokant: »Parléz – vous allemand, Monsieur Fröbe?« und der Untertitel des Berichtes lautete: »Der in Frankreich erfolgreiche Deutsche weiß uns gute Ratschläge.«

Aber der deutschen Filmindustrie konnten solche Ratschläge in jenen Jahren auch nicht mehr helfen.

Wie hatte Gert Fröbe doch so treffend gesagt, als man ihn einige Jahre nach seiner *Berliner Ballade* ständig anfrotzelte, er könne nun wohl kaum noch den Otto Normalverbraucher spielen: »Es rentiert sich nicht für den deutschen Film die Schwindsucht zu kriegen!«

Nur für einen Augenblick verabschiedet sich Bankier Johannes Groh-
mann (Gert Fröbe) während einer Opernveranstaltung von seiner Frau
Brigitte (Hannelore Bollmann). In seiner Smokingtasche steckt ein gelade-
ner Revolver. Am Münchner Güterbahnhof wird gleich eine kleine
Schießübung stattfinden. Eine Szene aus dem Film ›Der Schatz vom
Toplitzsee/Schüsse im Morgengrauen‹, 1959 unter der Regie von Franz
Antel in deutsch-österreichischer Koproduktion gedreht.

Während sich hierzulande im Filmwesen nichts bemerkenswert Künstlerisches tat und die Kritik Gert Fröbe in bezeichnender
Form mit Worten wie »ragt in seiner Darstellung weit über den
Durchschnitt dieses Films heraus. Man fragt sich aber, ob er es
nötig hat, in solchen Streifen mitzuwirken«, würdigte, änderte sich
im Privatleben Fröbes einiges.

Nach zwei gescheiterten Ehen heiratete er im Frühjahr 1959
die ebenso schöne wie begabte russische Tänzerin Tatjana

Iwanow, die jahrelang an Hilperts *Deutschem Theater* in Göttingen mit großem Erfolg gespielt hatte.

Jetzt hoffte Fröbe, endlich die Frau fürs Leben gefunden zu haben. Und so, als wolle sich das Gesetz der Serie auch hier erfüllen, fand er in diesen Wochen nach langem vergeblichen Suchen ein Zuhause, das seinen Vorstellungen von großzügiger Architektur und dem Wort vom »wahren Herrn auf der eigenen Scholle« entsprach.

In St. Quirin am Tegernsee kaufte Fröbe ein geräumiges Anwesen: 31.000 Quadratmeter Land mit viel Wald und einem eigenen Forellenbach, der über dreißig kunstvoll angelegte Kaskaden hüpfte.

All dies war dem neuen stolzen Besitzer, »ganz und gar nach dem Herzen geschneidert.« Hier hatte sich ein langgehegter Jugendtraum erfüllt, hier konnte der Schauspieler in seiner Freizeit ungestört malen oder auf seiner geliebten Geige herumfitscheln, wenn ihm danach zumute war und wenn ihm die »Filmkonjunktur Fröbe« Zeit dazu ließ.

Bald aber, sehr bald sollte es anders kommen. Am Horizont zogen sich bereits dunkle Wolken zusammen. Weniger über Gert Fröbe, vielmehr über der maroden deutschen Filmindustrie.

Zuvor aber sollte er noch ein paar sehr schöne Erfolge verbuchen können.

Gagenstopp – ein Schildbürgerstreich

Gert Fröbe spielte in *Es geschah am hellichten Tag* den Kindermörder Schrott. Es war nicht der erste Mörder, den er darzustellen hatte, und es sollte auch nicht sein letzter sein.

Aber es wurde sein bester, seine überzeugendste Charakterstudie eines psychisch Kranken, von seiner Umwelt gequälten Menschen.

Der Film, nach einem Stück des Schweizer Dramatikers Friedrich Dürrenmatt, war eigentlich ein Heinz-Rühmann-Film, in dem ›der große kleine Mann mit dem goldenen Herzen‹ erstmals einen Kriminalkommissar darstellte.

Aber der Film wurde auch ein Gert-Fröbe-Film, die Kritik war begeistert, würdigte die Ausdruckskraft des »Weltreisenden des deutschen Films« wie Fröbe gelegentlich von der Presse genannt wurde.

Der Streifen wurde nicht nur ein Kassenfüller, sondern – zwanzig Jahre später – sogar noch ein Fernsehknüller. Denn 1978 vermeldete die ARD, das Erste Deutsche Fernsehen, daß bei einer Sehbeteiligung von 60 (!) Prozent 23 Millionen Zuschauer mit Heinz Rühmann dem Täter, – will sagen diesem Gert Fröbe – auf der Spur war.

Somit sei, ließen sich die Fernsehverantwortlichen nicht ohne Stolz verlauten, dies der erfolgreichste, des durchaus nicht an alten Spielfilmen armen Jahres 1978.

Zuvor aber sollte Fröbe die Darstellung des verklemmten, geknechteten geradezu mitleiderregenden Kindermörders Schrott noch seinen Welterfolg *Goldfinger* einbringen.

Und noch einige andere sehr schöne Rollen.

Als Produzent »Atze« Artur Brauner, der mit seiner Central-Cinema-Company, kurz CCC genannt, schon bei *Die Helden sind müde* mitproduziert hatte, den Bestseller *Menschen im Hotel* der nach Hollywood emigrierten Wienerin Vicky Baum wiederverfilmen wollte, nahmen die Schwierigkeiten kein Ende.

Schrott (Gert Fröbe) erliegt seinem krankhaften Trieb und wird zum Kindermörder. Friedrich Dürrenmatt schrieb selbst das Drehbuch für ›Es geschah am hellichten Tag‹, einem Film, den Ladislao Vajda 1958 insze-nierte. Ebenso wie Gert Fröbe boten in diesem faszinierenden Film Heinz Rühmann und Michel Simon beachtliche schauspielersiche Leistungen.

Rechts: Eine ausgezeichnete Charakterstudie lieferte Gert Fröbe 1958 in dem Film ›Es geschah am hellichten Tag‹, einer deutsch-schweizerischen Ko-produktion nach einem Drama von Friedrich Dürrenmatt.

Die Art aber, wie der Film dann doch noch zustande kam, zeigt die Misere der deutschen Filmemacherei seiner Zeit.

Der besagte Roman wurde in den späten zwanziger Jahren ein Welterfolg, nicht zuletzt deshalb, weil er eine neue Formel brachte. Es ging hier nicht um einen Helden oder um ein junges Mädchen oder um eine Familie. Es ging, wie der Titel schon sagt um Menschen, die – zufällig gleichzeitig in einem Hotel – zusammenkommen; im Hotel Adlon in Berlin übrigens. Eine alternde russische Tänzerin, der Pawlowa unverkennbar nachgebildet, ein sehr elegant auftretender hübscher junger Mann, Baron Gaigern, der in Wirklichkeit von Hoteldiebstählen und Hochstapeleien lebt, weil er sein Vermögen längst verpraßt hat oder weil es in der Inflation dahingeschwunden ist. Da ist ferner die rührende Figur des kleinen Buchhalters Kringelein, der aus einem Provinznest nach Berlin gekommen ist, nachdem er sich seine Lebensversicherung hat auszahlen lassen, weil er weiß, daß er nur noch ein paar Wochen zu leben hat: Krebs. Und diese Wochen will er endlich, endlich einmal in einem feinen Hotel verbringen. Da ist sein Chef, der Generaldirektor Preysing, ein ziemlich zwielichtiger Bursche – seine Firma ist eigentlich pleite, aber er versucht verzweifelt, neue Kredite aufzutreiben. Da ist die Hotelsekretärin, die überall Diktate aufnimmt und gelegentlich auch mit dem einen oder anderen Kunden schlafen muß. Wie sie heißt, erfährt man eigentlich nie, alle Welt nennt sie ›Flämmchen‹. Und da sind noch ein paar andere Gäste und Hotelangestellte und ein Portier, dessen Frau in den Wehen liegt und der dauernd mit dem Spital telefoniert, und ein Herr, der immerfort im Foyer sitzt, seit zehn Jahren schon, und auf einen Brief wartet, der aber nie eintrifft.

Menschen im Hotel, Menschen ganz verschiedener Art, deren Schicksale zufällig eine Stunde oder ein paar Tage lang aneinan-

Gert Fröbe ist Generaldirektor Preysing, Sonja Ziemann Hotelsekretärin, die jedermann nur »Flämmchen« nennt. Gottfried Reinhardt inszenierte 1959 nach Vicki Baums weltberühmter Novelle ›Menschen im Hotel/Grand Hotel‹, eine deutsch-französische Gemeinschaftsproduktion.

derstreifen. Daraus hat die *Metro-Goldwyn-Mayer* Anfang der dreißiger Jahre einen Film gemacht, mit der Garbo als alternde Tänzerin, mit John Barrymore als hochstapelndem Baron, mit der Crawford als Flämmchen – kurz, mit einer Starbesetzung, und es wurde ein Welterfolg.

Artur Brauner, der aus Lodz in Polen gebürtige Berliner Produzent, immer auf der Suche nach neuen Stoffen, liest den Roman und ist begeistert – diesen Film muß er machen.

Er kauft von der MGM für 110.000 Dollar die Rechte, nach damaligem Kurs flotte 462.000 Deutsche Mark. Aber was solls – Bestseller sind auch für Produzenten nicht von der Stange zu haben. Und wenn ein Roman schon zuvor in zwei Dutzend Sprachen übersetzt wurde und über den ersten Film Leute in allen Erdteilen wie die Schloßhunde heulten, dann könnte man wohl annehmen, daß auch dieser Film ein großer Erfolg wird.

Brauner hatte also schon so ziemlich alles, was er brauchte: Die Rechte schienen gesichert, ein Drehbuchautor war da, ein Mann für die Musik, ein Regisseur, und sogar auch schon die Hauptdarsteller O.W. Fischer und Heinz Rühmann waren engagiert. In fünf Ateliers auf dem Spandauer Gelände entstanden Bauten – da wurde der Drehbuchautor krank. Dann konnte Regisseur Kurt (Curtis) Bernhardt wegen eines Herzleidens nicht unter Vertrag genommen werden. Dann gaben die Hauptdarsteller zu verstehen, daß »er« beziehungsweise »sie« an erster Stelle des Vorspanns erscheinen müßte.

Inzwischen war es Sommer geworden, dem der Herbst folgte. Die Aufnahmen sollten längst schon begonnen haben.

Dem Produzenten brannte die Zeit unter den Nägeln.

Als der Film im Januar 1959 endlich in die Ateliers kam, sollte Martin Held den Generaldirektor Preysing spielen. Aber zu diesem Zeitpunkt konnte er wirklich nicht mehr. Er war für eine gewisse Zeit verpflichtet worden, nun hatte er unaufschiebbare Anschlußtermine.

Wer also sollte den Preysing spielen?

Brauner schien das nicht so wichtig. Schließlich holte man Gert Fröbe, der für 50.000 Mark verpflichtet wurde, etwas mehr

als zehn Prozent von dem, was die Herren Rühmann und Fischer für ihre Mitwirkung einsteckten.

Er sollte sie alle beide an die Wand spielen.

An die Dreharbeiten erinnert sich Produzent Brauner nicht ohne Ironie und Bosheit: »Unten stand Rühmann in der Maske des vom Tode gezeichneten Buchhalters Kringelein und unterhielt sich mit Sonja Ziemann, die das Flämmchen spielte. O.W. Fischer, als Hoteldieb Baron von Gaigern, saß auf einem Klappstuhl und rauchte Kette. Gert Fröbe probierte sein Schulfranzösisch an Michèle Morgan aus.«

Die großen Fünf waren geradezu verdächtig freundlich und lieb zueinander.

Das sollte bald anders werden.

Schon am dritten Tag war die Atmosphäre mit Elektrizität geladen, Skandale lagen in der Luft.

›Das Mädchen Rosemarie‹ (1958) schildert Episoden aus dem Leben des ermordeten Frankfurter Callgirls Rosemarie Nitribitt (Nadja Tiller). Rosemarie vermag allerdings trotz ihres neu erworbenen Reichtums und ihrer eleganten Kleider nicht in die bürgerliche Gesellschaft einzudringen. Direktor Bruster (Gert Fröbe) muß mit seiner »Gespielin« tanzen, um einen Skandal zu vermeiden.

Links: Das hat der massige Börsenmakler Alfred Paulsen (Gert Fröbe) noch nicht erlebt, daß ihm ein blutjunger Teenager (Brigitte Skay) das verlockende Angebot macht, mit ihm durchzugehen und seine Geliebte zu werden. Szenenfoto aus der Filmkomödie ›Heute kündigt mir mein Mann/Vater lebt gefährlich/Mein Mann, der Goldesel‹, die Rudolf Nußgruber 1962 inszenierte.

Jeder wartete auf den großen Krach. Fünf Topstars in einem Film – das konnte ja auf Dauer nicht gutgehen.

Dann war es soweit!

O.W. Fischer pflegte sich vor jeder Szene aufs äußerste zu konzentrieren. »Ich glaube«, berichtet Brauner darüber, »es war so eine Art Yogaübung. Er atmete tief ein, hielt den Atem an und verdrehte die Augen. Das alles sah immer ein bißchen ulkig aus.« Plötzlich wurde O.W. Fischers Blick starr, etwa so, als wenn ein Kaninchen die Schlange erblickt.

»Ich folgte seinem Blick«, schildert Artur Brauner die Beobachtung seiner Stars, »und sah Gert Fröbe. Fröbe, bekannt in der Branche als Weltmeister im Grimassenschneiden, stand in der Dekoration, atmete tief ein, hielt den Atem an, verdrehte die Augen. Mit einem Wort: Er bot eine hinreißende Karikatur von unserem Otto Wilhelm.«

Jeden Moment mußte O.W. in die Luft gehen. Er ging aber nicht, weil es Regisseur Gottfried Reinhardt gab. Der sagte lediglich: »Aber meine Herren...« Und die Arbeit konnte weitergehen.

Zur Premiere von *Menschen im Hotel* am Münchner Stachus drängten sich an einem warmen Herbstabend wahre Menschenmassen. Eine Hundertschaft Polizisten bildete einen Kordon und versuchte dieser Massen Herr zu werden.

Die Münchner, die Kopf an Kopf standen, schwenkten Bilder ihrer Filmlieblinge und warfen Blumen. Skandierend riefen sie im Sprechchor: »Bravo Rühmann!« oder »Son-ja, Son-ja« oder »Frööööö-beee, Frööööö-beee, Frööööö-beee!«

Szenen einer Filmpremiere in den späten fünfziger Jahren, die das Herz eines Produzenten schon höher schlagen lassen konnten.

Aber diese Produzenten schienen unbelehrbar zu sein.

Es interessierte sie überhaupt nicht – um von diesem Beispiel *Menschen im Hotel* zu sprechen – daß hier weder der Star Heinz Rühmann noch der Star O.W. Fischer oder gar Michèle Morgan den wirklichen Erfolg hatten, sondern daß der so ganz nebenbei, gewissermaßen ersatzweise verpflichtete Gert Fröbe allen die Schau stahl.

Aber was sagen die Produzenten über Gert Fröbe?

Gert Fröbe als Schrotthändler Tessmann hat eine Auseinandersetzung mit seiner Tochter Katja (Vera Tschechowa) in Eugen Yorks Film ›Das Mädchen mit den Katzenaugen‹ (1958).

Er ist kein Sympathieträger, sagen sie.

Was oder wer bitte ist so ein Sympathieträger?

Also, das ist nicht etwa einer, der infolge seiner Rolle, respektive des Charakters, den er darstellen muß, die Sympathien des Publikums gewinnt, sondern vielmehr einer, den das Publikum so gern sieht, daß es in seine Filme geht.

Otto Wilhelm, der Fischer, der ist zum Beispiel so ein hundertprozentiger Sympathieträger, weil er hundert Prozent des Geldes, das der Produzent in seinen Film steckt, wieder einspielt – und noch ein bißchen mehr. Aus demselben Grund ist auch Rühmann ein hundertprozentiger Sympathieträger. Hingegen ist Sonja Ziemann nur eine achtzigprozentige Sympathieträgerin.

Tja, und dieser Fröbe ist eben überhaupt kein solcher Sympathieträger – angeblich.

Die deutschen Produzenten und die Verleiher, die ja in alles hineinreden, und die Kinobesitzer, die ebenfalls in alles hineinreden – schon weil sie glauben, aus ihren Einnahmen ersehen zu können, was »geht« und was »nicht geht« – kommen offenbar nicht auf die Idee, daß ein Zusammenhang besteht zwischen Einnahmen und Qualität. Es kann zwar einmal vorkommen, – sogar mehrere Male, – daß ein schlechter Film gute Kassen macht und daß ein guter Film schlechte Kassen macht.

Aber auf die Dauer ist das eben nicht so. Das müßten alle dieser Herrschaften wissen, schon aus der Geschichte des deutschen Films. Schon aus den großen Erfolgen von Ernst Lubitsch, von Fritz Lang, von Erich Pommer, die alle zuerst einmal auf Qualität bedacht waren.

Diese Produzenten haben also eine lange Liste aufgestellt, die immer wieder geändert wird und aus der sie jederzeit ersehen wollen, wer gerade die »meisten Sympathien« des Publikums hat. Daß dabei auch der Film eine Rolle spielt, in dem die Schauspieler mitwirken, die Regie, die Partner und überhaupt der Stoff – daran denken sie nicht.

Sie denken an so manches nicht, diese Produzenten.

Nur »Atze« Brauner, der denkt daran, daß dieser Fröbe, vielleicht doch noch so eine Art »Sympathieträger« werden könnte. Er nimmt ihn für sechs Filme, verteilt über drei Jahre, unter Vertrag.

Fröbe wird bei Brauner dann auch in der Folge in *Alt-Heidelberg* (1959), *Die tausend Augen des Dr. Mabuse* (1960), *Via Mala* (1961), *Im Stahlnetz des Dr. Mabuse* (1961) und *Das Testament*

Hart und unbeugsam ist er, der mächtige Waldbauer Dag Björndal, dessen einziges Bestreben der Vergrößerung seines Besitzes galt. Gert Fröbe übernahm mit der Rolle des alten Dag eine interessante schauspielerische Aufgabe, die sich von seinen bisherigen Filmrollen erheblich unterschied: ›Und ewig singen die Wälder‹ (1959), ein österreichischer Film unter der Regie von Paul May, entstanden nach Trygve Gulbranssen und einem Drehbuch von Kurt Heuser.

Gert Fröbe und Maj-Britt Nilsson in ›Und ewig singen die Wälder‹ (1959), einem Film der Wiener Mundus.

des Dr. Mabuse (1962) spielen – alles Filme die dem Produzenten viel Geld bringen.

Als aber die Einnahmen nachlassen, das Schnulzen-Wirtschaftswunder nicht mehr an Rosenhecken und Wildbächen wuchert, kommen die Filmgewaltigen auf eine absurde Idee: Produzenten und Verleiher verabreden einen ›Gagenstopp‹. Aber anstatt nur etwa ein Höchstgagengitter einzumauern, stufen sie die Darsteller

Gert Fröbe in der berühmten Rolle des Dr. Jüttner in ›Alt-Heidelberg‹ (1959).

nach ihrem angeblichen Marktwert wie Petroleum- oder Kunst-
düngeraktien ein.

Die Klasse der Spitzenstars, die bisher bis zu einer halben
Million Mark pro Film kassieren konnte, wird mit einer Höchst-
gage von 100.000 Mark festgesetzt. Diese Summe sind ihnen
wert: Ruth Leuwerik, Lilli Palmer, Liselotte Pulver, Nadja Tiller,
Caterina Valente, O.W. Fischer, Curd Jürgens, Hardy Krüger,
Freddy Quinn und Heinz Rühmann. Dann folgen mit 75.000 Mark
O.E. Hasse und Peter Alexander, während Marika Rökk und
Hansjörg Felmy mit 70.000 Mark notieren. 65.000 Mark dagegen
sollen für Peter van Eyck und Carlos Thompson, 60.000 Mark
für Hans Albers, Walter Giller und Martin Held bezahlt werden.

Endlich, in der Kategorie für 50.000 Mark ist auch Gert Fröbe
zu finden. Mit ihm Marianne Koch, Eva Bartok, Karlheinz Böhm,
Heinz Erhardt und Sonja Ziemann.

Dann folgen noch in Einstufungen für 45.000 Mark Ulla
Jacobsen und Hans-Joachim Kulenkampff, für 40.000 Mark
Mario Adorf, Ewald Balser, Fred Bertelmann, Paul Hubschmid,
Peter Kraus und Rudolf Schock. Und für 30.000 Mark Heidi
Brühl, Marianne Hold, Willy Birgel, Ivan Desny, Horst Frank,
Joachim Hansen, Johannes Heesters, Hans Söhnker und Bernhard
Wicki.

Die Schell steht erst gar nicht auf der Liste. Man hat mit ihr
schon vorher abgeschlossen, oder wie es in der Branche heißt, man
hat sie »eingekauft«. Für – das bleibt nicht lange ein Geheimnis –
runde 500.000 Mark pro Film. O.W. Fischer hat ähnliche Arran-
gements getroffen. Hansjörg Felmy erklärt: »Ich werde nicht für
70.000 Mark spielen, da sollen sie sehen, wo sie einen Star her-
kriegen.«

Und was sagt Fröbe?

Kurz vor Verkündung dieses Schildbürgerstreichs der SPIO
hatte er sich für eine halbe Million Mark sein Rittergut – ähnliches
Anwesen am Tegernsee gekauft. Pro Film kassierte er bereits 60.
bis 75.000 Mark.

Die Darstellung des Knacker – Paule in *Der Gauner und der
liebe Gott* hatte ihm 1960 den begehrten *Ernst-Lubitsch-Preis*

›Die tausend Augen des Dr. Mabuse/Il Diabolico Dottore Mabuse/Le Diabolique Docteur Mabuse‹ (1960), diese deutsch-französisch-italienische Gemeinschaftsproduktion war mit internationalen Stars besetzt. In diesem Ensemble spielte Gert Fröbe in der Rolle des Kras eine der Hauptrollen.

eingebracht. Kurz davor war er für verschiedene Rollen, insbesondere aber für die überzeugende Darstellung des Mörders in *Es geschah am hellichten Tag* mit dem *Preis der Deutschen Filmkritik* ausgezeichnet worden. Auch die hervorragende Charakterstudie des alten Patriarchen Dag in *Und ewig singen die Wälder* war viel beachtet worden.

Nun hatte Fröbe natürlich die halbe Million für sein Traum-Anwesen am Tegernsee nicht »cash« auf den Tisch gelegt. Wer tut das schon! Aber er hatte in seinen steigenden Marktwert vertraut, und nun war er bei 50.000 Mark hängengeblieben – weit weniger als er schon bekommen hatte. Bei der Gefräßigkeit der Steuer blieben von so einer Gage ohnehin nur runde fünfzig Prozent über, was die finanziellen Aussichten nicht gerade verbesserte.

»Die Produzenten wissen, daß ich mein Haus bezahlen muß«, murrte er, »und lassen mich zappeln. Ich habe mehrfach bei ihnen vorgesprochen und bin sogar zwei Tage im Bundesinnenministerium gewesen. Aber alles war vergeblich.«

Was also macht Fröbe, als man überhaupt kein Verständnis für seine Argumente zeigt und sich an dem ohnedies schwer umstrittenen Gagenstopp ein Jahr lang so gut wie nichts ändert?

»Jetzt gehe ich ins Ausland«, sagt er verbittert und muß bereits mit dem Gedanken spielen, seinen Besitz am Tegernsee zu verkaufen, »weil ich ihn nicht mehr halten kann.«

Auf den Antrag, seine Gage zu erhöhen, werden ihm nach – *Und ewig singen die Wälder* gnädig doch 60.000 Mark zugestanden.

Mehrfach gibt man ihm während der Verhandlungen deutlich zu verstehen, daß er ja die Rollen zu dem festgesetzten Preis akzeptieren müsse, weil er sonst sein Haus werde verkaufen müssen.

Kann man so etwas mit einem Fröbe machen?

Eigentlich nein – und eigentlich doch schon ›ja‹.

Fröbe zieht vor den Kadi, reicht vor dem Bundeskartellamt die Klage ein.

Die Klage wird abgewiesen.

In der Begründung heißt es, »daß die Annahme Fröbes, der Gagenstopp behindere die gewerbliche Entfaltung und mache damit eine Wettbewerbsfähigkeit unmöglich, nicht zutreffend sei. Schauspieler generell, auch hoch verdienende sogenannte Spitzenstars beim Film«, so begründet das Kartellamt weiter, »besitzen keine – man höre und staune – wesentliche unternehmerische Funktion.«

Fröbe, mittlerweile an der »Starbörse« vielgefragt – mit neun Filmrollen hatte er 1960 wie im Jahr davor die meisten Rollenverträge – läßt nicht locker.

Er strengt eine Klage beim Bundesverfassungsgericht an, »weil

Gert Fröbe (als Jonas Lauretz) und Christine Kaufmann (als Sylvia Lauretz) in ›Via Mala‹ (1961), einem Film von Paul May nach John Knittels Roman.

dieses unsinnige Abkommen gegen die im Grundgesetz verankerte Gleichberechtigung aller Staatsbürger verstößt.«

Mittlerweile ist er im »Starometer«, einer laufenden Umfrageermittlung der beliebtesten Stars, auf Platz zwei zwischen Rühmann und O.W. Fischer aufgestiegen – die entsprechenden Gagen aber soll er nicht kassieren dürfen.

Noch ehe dieser Streit entschieden ist, zieht Fröbe bereits 1961 die Konsequenzen: er trennt sich von seinem Grundstück mit Haus, Wald, Forellenbach und bezieht eine kleine Wohnung im Münchner Stadtteil Bogenhausen. Zumal er sich mittlerweile auch von seiner dritten Ehefrau Tatjana Iwanow nach knapp dreijähriger Ehe getrennt hatte.

Hier ist alles Gold, was glänzt

Nun scheint man sich um diesen Gert Fröbe förmlich zu reißen. Er dreht einen Film nach dem anderen. Bei *Bis daß das Geld Euch scheidet* (1960) erlebt man ihn erstmals gemeinsam mit Luise Ullrich auch in Deutschland als Star. Sein Name erscheint vor dem Filmtitel.

Die Presse feiert ihn als »Weltreisender des Films«, und jubelt:

Luise Ullrich und Gert Fröbe in ›Bis daß das Geld euch scheidet‹ (1960). Der neureiche Grapsch (Fröbe) verläßt seine langjährige treue Ehefrau (Ullrich), um ein erheblich jüngeres Flittchen zu heiraten. Der Film entstand unter der Regie von Alfred Vohrer.

Gert Fröbe erneut unter der Regie von Axel von Ambesser. Er spielte die Hauptrolle des Paul Wittkowski, des »Knacker-Paule«, der durch Gottes direkte Hilfe dem Kittchen entgeht und auf den Pfad der Tugend zurückfindet. Der Filmtitel: ›Der Gauner und der liebe Gott‹ (1960). Sein Partner ist Karlheinz Böhm als Pfarrer Steiner.

»Seit *Der Gauner und der liebe Gott* haben wir einen Nachfolger für Emil Jannings und Heinrich George.«

Als er in Berlin für *Via Mala* als gewalttätiger Haustyrann vor der Kamera steht, will eine Journalistin vom Sender RIAS-Berlin ein Interview.

Die Reporterin Beate Bach ist jung, steht noch am Anfang ihrer

Karriere. Doch immer wieder verschiebt der große Star, der viel-umschwärmte, den Termin.

»Ich hatte einfach keine Lust. Die ewige Fragerei der Journa-listen ging mir manchmal auf die Nerven«, sagt er später.

Dann ist er doch eines Tages gnädig gestimmt und läßt die kleine Reporterin, die ganz aufgeregt ihre Fragen hervorsprudelt, zu sich vor. Sehr schnell aber war Gert Fröbe von diesem Persönchen bezaubert.

Für ihn, den von allen Verwöhnten, war es so etwas wie Liebe auf den ersten Blick. Wenige Monate nach dieser Begegnung

Gert Fröbe in ›Bis daß das Geld euch scheidet‹ (1960).

heirateten die beiden heimlich – nur Reporterkollege Jürgen Graf war mit seiner Frau als Trauzeugen zur Hochzeit im Dezember 1962 geladen.

Von dieser Stunde an waren das Paar unzertrennlich. Wo immer Gert Fröbe auch drehte – seine Frau war bei ihm. Wo immer man ihm auf internationalen Flughäfen begegnete, war an seiner Seite die zierliche, kleine, fröhliche Frau.

Und es war absolut keine Show, daß dieser gewaltige Hüne sie dabei immer an der Hand hielt oder den Arm um sie gelegt hatte.

Rückblickend gesteht Gert Fröbe dieser Frau einen großen Anteil an seiner Weltkarriere zu.

Fröbe hatte in der Zwischenzeit in verschiedenen *Mabuse*-Filmen nicht nur als Kommissar, sondern auch als der diabolische Dr. Mabuse selbst mitgewirkt. Er spielte ebenso wie in dem Edgar Wallace-Film *Der grüne Bogenschütze* sowie in dem französischen Claude Autant-Lara-Film *Der Mörder* meist schwergewichtige Schurken und Bösewichte.

So, daß seine damals 79jährige Mutter bei einem Besuch des Sohnes im elterlichen Haus klagte: »Junge, spiel doch nicht immer so böse Rollen, das hast du doch gar nicht nötig. Die Leute hier zeigen ja deshalb schon mit dem Finger auf mich.«

Als Abwechslung hatte Gert Fröbe lediglich in Darryl F. Zanucks Mammut-Produktion *Der längste Tag*, in dem von englischer, amerikanischer und französischer Seite so ziemlich alles mitmachte, was mit Rang und Namen verfügbar war, einen deutschen Obergefreiten gespielt, der von der Invasion der Alliierten beim morgendlichen Essenholen überrascht wird.

»Es war meine kleinste Rolle für eine große Gage. Da aber mein Name Kinobesitzern in Österreich zugkräftiger als John Wayne erschien, malten sie ›Gert Fröbe‹ groß auf die Plakate«, berichtete er verschmitzt. »Ein langjähriger Freund wollte mich in diesem Film seiner Frau präsentieren. Unmittelbar danach rief er erbost an, weil er mich auf der Leinwand nicht hatte entdecken können. »Der muß sich« mutmaßt Fröbe, »in diesem Moment gerade die Nase geputzt haben, denn mein Auftritt auf dem Maultier in *Der längste Tag* hat wirklich nur Sekundenlänge.«

»Stahlnetz«-Regisseur Jürgen Roland inszenierte 1961 einen Film aus der deutschen Edgar-Wallace-Serie: ›Der grüne Bogenschütze‹. Gert Fröbe spielt darin den ständig in Angst lebenden Schloßbesitzer Abel Bellamy, der ein Opfer des »grünen Bogenschützen« wird.

Als die Produzenten Harry Saltzmann und Albert Broccoli, der in der Branche den Spitznamen »Cubby« (zu deutsch »Gemüse«) hat, für die Rolle des Mister Auric Goldfinger einen gewichtigen Mimen suchen, denken sie an Orson Welles.

Gert Fröbe als Feldwebel »Kaffeeklatsch« in der Hollywood-Produktion ›The Longest Day‹ (Der längste Tag, 1962). Das Thema des Films ist die Invasion der Alliierten am 6. Juni 1944 in der Normandie. Das Foto entstand in einer Drehpause.

Links: Das beschauliche Leben von Feldwebel »Kaffeeklatsch« (Gert Fröbe) ist bald vorüber. Eine Szene aus ›The Longest Day‹ (Der längste Tag, 1962).

Der aber ist ihnen zu teuer. Wieviel er genau verlangte, wurde nie bekannt.

Da verfällt Broccoli auf Gert Fröbe, den er vor Jahren in der Rolle des Kindermörders in *Es geschah am hellichten Tag* gesehen hat – auch in Amerika unter dem Titel *It happened in Broad Daylight* ein Erfolg.

Diesen Fröbe fragte er nun: »If you are not as expensive as Orson Welles, you can have the part« – mit einfachen deutschen Worten: »Wenn Sie es billiger machen, als dieser Orson Welles, können wir ins Geschäft kommen.«

Fröbe ist nicht so teuer wie Welles, hat aber so seine Bedenken. Schon wieder eine Schurkenrolle! Noch dazu so eine!

Daraufhin sieht er sich mit seiner Frau in London die ersten beiden Bond-Filme *Doktor No* und *Liebesgrüße aus Moskau* an. »Danach war ich ganz weich in den Knien und sagte zu meiner Frau: ›Das ist ja unmöglich, das ist ja viel zu grauenhaft! Nein, einen solchen Film möchte ich nicht machen.‹«

Es bedurfte einiger Überredungskunst, bis Ehefrau Beate ihren Gatten davon überzeugt hatte, daß die Leute das alles gar nicht so ernst nehmen und nur darüber lachen würden.

»Das Publikum weiß doch ganz genau, daß es so etwas in Wirklichkeit überhaupt nicht gibt«, argumentierte sie.

Gerade dieser Irrealismus trug zu den weltweiten Erfolgen der Bond-Filme erheblich bei.

Fröbe unterschrieb also den Vertrag für *Goldfinger*.

Es wurde ein Welterfolg, es wurde sein ganz »großer Knüller«, die Rolle, die ihn überall bekannt machte.

»Bei den Dreharbeiten in den Londoner *Pinewood-Studios*«, erzählt der Star, »waren alle nett und hilfsbereit. Der Produzent fragte mich gleich am ersten Tag ob ich besondere Wünsche hätte. Da gestand ich ihm meine Fußball-Leidenschaft und daß ich

Eine Rolle, die dem Mimen endgültig Weltgeltung verschaffte: Gert Fröbe als Auric Goldfinger in dem gleichnamigen James-Bond-Thriller, der 1964 unter der Regie von Guy Hamilton entstand.

liebend gerne samstags guten englischen Fußball sehen wollte.«

»Seit dieser Bemerkung kam jeden Samstag vormittag ein livrierter Chauffeur mit zwei Fußballkarten und fuhr meine Frau und mich im Rolls-Royce zum interessantesten Match des Wochenendes.«

»Aber ich bin nie für die eine oder andere Mannschaft. Mir gefällt einfach das Spiel an sich«, spricht Fußball-Fan Fröbe über seine Ambitionen.

Nun kann auch für einen recht erfahrenen Kinoschurken der erste Drehtag im Studio recht beklemmend sein. Nicht etwa, daß der Vollprofi zu hohe künstlerische Anforderungen fürchtete. Vielmehr war ihm klar, daß der Interpret dieser Figur, die er darstellte, im Mutterland des Autors Ian Fleming von vornherein auf außerordentliches Interesse stoßen würde.

So war es auch.

Presse und Fernsehen standen im Atelier als »the German« die Halle betrat. Gert Fröbe erinnert sich an die Laser-Beam Szene, die von *Goldfinger* als erste Einstellung gedreht wurde: »Alle Beleuchter schauten von oben runter.« »Ich bin ein wenig nervös«, sagte ich zu Guy Hamilton, dem Regisseur. »Erster Drehtag, fremde Sprache, fremde Umgebung. Ein Stab, den ich nicht kenne.« Da nahm Hamilton mich an der Hand: »Schauen Sie, wir sind da, um Ihnen zu helfen.« »Na«, dachte ich, »schöne Reden: aber sie waren wirklich so. Vom ersten bis zum letzten Tag.«

Der Regisseur forderte nicht etwa von den Schauspielern ›für ihr Geld gefälligst auch zu funktionieren‹. Vielmehr meinte der Kameramann freundlich: »Mach dir keine Sorgen. Wir haben Zeit. Es wird schon werden.«

Es wurde dann – wie bekannt – auch ganz großartig.

Zwar hält Gert Fröbe seine *Goldfinger*-Rolle nicht für seine größte schauspielerische Leistung, aber gewiß hat er es verstanden, dem ›Auric Goldfinger‹ eine künstlerische Note in seiner Darstellung zu verleihen, die ihn für sein Publikum einmalig echt auf der ganzen Welt erscheinen läßt.

Ebenso echt war so ziemlich alles in diesem Film.

»Wenn ich als Goldfinger riesige goldene Manschettenknöpfe trage, so waren sie aus echtem Gold. Von einem führenden Juwelier eigens entworfen, ebenso wie Goldfingers gewaltiger Ring«, erinnert sich Fröbe an die Ausstattung.

»Der Breitschwanzanzug meiner Partnerin war aus feinstem Breitschwanz. Das Gefühl, daß die Requisiten auch wirklich das sind, was sie darstellen, erleichterte allen Schauspielern ein rollengemäßes Auftreten.«

Wie aber gelang es Gert Fröbe, diesen Super-Gangster so überzeugend zu spielen? Er selbst meint dazu: »Das ist eine seltsame Geschichte in der Schauspielerei. Man identifiziert sich mit dem

Harald Juhnke, Ann Savo und Gert Fröbe in ›Das Testament des Dr. Mabuse‹ (1962).

Sujet oder dem Text, den man gerade zu spielen hat. Einem talentierten Schauspieler gelingt es immer, sich völlig in seine Rolle hineinzuversetzen. So steigere ich mich in einen Kindermörder ebenso hinein, – obwohl ich natürlich keiner bin – wie in diesen Schurken Goldfinger.«

Da Fröbe seinen Part sichtlich überaus ernst nahm – obwohl er in der Rolle eher unglaubwürdig angelegt ist – erzeugt er beim Zuschauer ein Gefühl der Realität, wobei um ihn herum alles unrealistisch ist. Aber genau das fasziniert das Publikum und bezieht es förmlich ins Geschehen ein.

»Ich stelle mir jede Figur, die ich spiele, im Idealfall vor«, sagt Fröbe, »und frage mich immer, wie würde sich dieser Mensch nun bewegen, wie würde er da dreinschauen, oder wie würde er jetzt handeln.«

So wurde Gert Fröbe zum besten James Bond-Gegenspieler, den es bisher in dieser Filmreihe gab.

Die letzte Auseinandersetzung, nach atemberaubenden Verfolgungsjagden und schier unglaublichen Abenteuern muß James Bond mit Goldfinger im Flugzeug bestehen. Als die beiden um die Waffe ringen, löst sich ein Schuß und zerschmettert das Kabinenfenster. Bond und Goldfinger schweben durch den plötzlichen Druckabfall schwerelos im Innenraum. Schließlich wird Bösewicht Goldfinger durch den Sog aus dem Fenster gezogen.

Nach den Tricks des Drei-Millionen Dollar-Films befragt, berichtete Fröbe: »Wenn wir durch die undicht gewordene Kabine des Düsenflugzeugs wirbeln, hängen wir an Drähten, wie Marionetten. Am Ende – bei meinem Sturz aus dem Kabinenfenster – lag ich auf einem für die Kamera nicht sichtbaren Schlitten, der mit einem Ruck aus dem Fenster gezerrt wurde. Bei den Proben für diese Szene habe ich so viele schmerzhafte Flecken davongetragen, daß ich sehr schnell lernte mich ›kabinenfenster-dünn‹ zu machen.«

Die Premiere in London war im September 1964 eine würdige:

Tausende Schaulustige auf dem Leicester Square sprengten die Polizeiabsperrungen, zerdrückten eine Kinotür, einige von ihnen mußten verletzt ins Krankenhaus transportiert werden.

Gert Fröbe als J. J. Peachum, dem Bettlerkönig von London, in dem Wolfgang-Staudte-Film ›Die Dreigroschenoper/L'Opera de Quat-Sous‹ (1962).

Nach dem Auftreten von Damen in goldschillernden Hosen, goldschillernden Blusen und mit goldschillernden Handtaschen orakelte eine englische Zeitung: »Goldfinger wird eine Goldgrube werden.«

Was der Film wurde.

Schon nach einem Jahr meldete der amerikanische Verleih

bereits rund 45 Millionen Dollar Einspielergebnis, was für jeden der beiden Produzenten einen Reingewinn von an die sieben bis acht Millionen Dollar bedeutete.

Bald kam auch aus Tokio die Meldung, daß *Goldfinger* drauf und dran sei, alle bisher dagewesenen Rekorde zu brechen und so beliebte Filme wie *Cleopatra, Ben Hur, The Longest Day* und *My Fair Lady,* die in Japan alle gigantische Kassenknüller waren, weit hinter sich zu lassen.

Die angesehene *Times* machte Gert Fröbe zu »Jedermanns zukünftigem Lieblingsschurken«. Und als 1965 ein prominenter Filmkritiker im *Daily Sketch* die Namen jener beiden Schauspieler bekannt gab, die als Gesichter des Jahres 1965 in Frage kämen, wurde neben der Charlie-Chaplin Tochter Geraldine für den männlichen Nachwuchs der bereits 52 Jahre alte Gert Fröbe

In dem Film ›Le Bois des Amants/Il Bosco degli Amanti‹ (Die Nacht der Liebenden, 1960) fand Gert Fröbe wieder, unter der Regie von Claude Autant-Lara, eine großartige Rolle, in der er durch seinen prägnanten Darstellungsstil der Figur eines Generals ein ergreifendes Profil verleiht.

Gert Fröbe, Gerhard Bormann, Harry Meyen und Wolfgang Preiß in dem französisch-amerikanischen Film ›Paris Brûle-T-Il?/Is Paris Burning?‹ (Brennt Paris?, 1966). Als General von Choltitz verhindert Gert Fröbe die Vernichtung der Seine-Metropole Paris, obwohl ihm dieser Befehl von Hitler höchstpersönlich erteilt worden war.

genannt! »I predict a great personal triumph for Frobe«, schrieb der Kritiker. Und jener englische Journalist Pem, der über Fröbes Auftritte in Kabaretts zwischen Sektkühlern und angeheiterten Liebespärchen im Nachkriegs-Deutschland berichtet hatte, schrieb in der *Baseler National-Zeitung:* »Goldfinger, von Gert Fröbe eindrucksvoll dargestellt, verwendet die tollsten Marterinstrumente, womit er uns, die Zuschauer mehr verängstigt als seine Opfer.«

Die Kritiken waren alle begeistert und rundum positiv, bis auf eine. Die englische Zeitung *Daily Mail* meinte: »Der Massenmörder Goldfinger wird von einem großen rotköpfigen Deutschen, der einem rohen Stück Rindfleisch gleicht, gespielt.«

In dieser gleichen Londoner *Daily Mail* – sie scheint Fröbe so gar nicht zu mögen –, erscheint dann am 30. November 1965 mit der Balkenüberschrift »Natürlich war ich ein Nazi«, ein Artikel, der für weltweites Aufsehen sorgte und drastische Folgen hatte.

Um es vorweg zu nehmen: Diesen Ausspruch hat Fröbe, wie er in der Folge mehrfach glaubhaft versicherte, nie getan. »Ich habe lediglich einem englischen Reporter in einem Interview während der Dreharbeiten zu *Brennt Paris?* erzählt, daß ich im Dritten Reich das Glück hatte, zwei jüdischen Menschen helfen zu können, obwohl ich Mitglied der Partei war.«

Damit hatte Fröbe dem Journalisten »auf nicht zu billige Weise« auf die Frage antworten wollen, wie er sich an Stelle des von ihm im Film verkörperten General von Choltitz verhalten hätte, der Paris trotz des Führerbefehls nicht hatte zerstören lassen.

»Ich wollte dem Reporter damit nur sagen, ich habe Paris zwar nicht stehen gelassen, aber ich habe in meinem kleinen Leben trotz eigener Gefährdung zwei Menschen geholfen.«

Was nach dieser Schlagzeile folgte, kam fast handfestem Rufmord, einer zweiten Entnazifizierung gleich.

Der Wirbel war perfekt.

Israel verbot alle Filme mit Gert Fröbe. Das waren gleich drei an der Zahl, die gerade in den Kinos liefen: *Goldfinger, Die tollkühnen Männer in ihren fliegenden Kisten* und *Das Liebeskarussell*.

Fröbe kündigte daraufhin an, Israel zu besuchen, um vor Ort zu beweisen, daß er kein Nazi sei und nie einer gewesen wäre.

Der israelische Verkehrsminister Carmel – er gehörte der linkssozialistischen Achduth-Avodah-Partei an – ersuchte daraufhin Innenminister Schapiro »dem deutschen Schauspieler Gert Fröbe ein Einreisevisum nach Israel zu verweigern, falls dieser einen Antrag stellen sollte.«

In Amerika begannen einflußreiche jüdische Organisationen ebenfalls vehement ein Verbot der Fröbe-Filme in den Staaten zu fordern.

Die Sache sah nicht gut aus.

Sollte denn nun dieser beste Beitrag der ganzen James-Bond-Serie, der heute übrigens schon zu den Klassikern dieser Reihe zählt, sollte der womöglich nun verboten werden? Nur weil dieser

Goldfinger-Fröbe, ganz urplötzlich als eingefleischter Nazi hingestellt wurde?

Da erscheint der rettende Engel. Er kommt wie gerufen. Mario Blumenau heißt er, ist 37 Jahre alt und Angestellter in Wien.

Auf der Israelischen Botschaft in Wien gibt er folgende eidesstattliche Erklärung ab: »Fröbe hat meiner Mutter und mir wahrscheinlich das Leben gerettet. Er hat uns in ärgster Not versteckt und mit Lebensmittelkarten versorgt.«

Weiters gibt der Mann zu Protokoll: »Gert Fröbe hat meinen Vater während des Krieges kennengelernt, als beide am *Deutschen Volkstheater* tätig waren. Mein Vater arbeitete im graphischen Gewerbe. Als er ins KZ kam, blieb ich mit meiner Mutter in Wien zurück. In dieser Zeit haben viele Freunde unserer Familie dazu beigetragen, daß wir überlebten. Darunter auch Gert Fröbe.«

Die Erklärung gab Mario Blumenau ab, »weil hinter diese Zeit – er war in jenen Jahren etwa so 12 Jahre – endlich ein Schlußpunkt gesetzt werden müsse. Und schließlich«, so sagt er weiter, »hat Fröbe mir geholfen, warum soll ich ihm jetzt nicht helfen, indem ich die Wahrheit sage.«

Noch vor dieser Ehrenerklärung hatte Fröbe in einem Interview mit dem Pariser Korrespondenten Yediot Achronot, in einer israelischen Zeitung zu den Anschuldigungen Stellung genommen. Der Artikel wurde von der angesehenen Londoner *Times* übernommen und als Exklusiv-Bericht in der New Yorker *Herald Tribune* gedruckt. Wörtlich heißt es da unter anderem: »The film ›heavy‹ said, he had been attracted by Nazis social platform and joined the party in 1929 when he was 16. He said his mother had paid his dues and that he had only been a passive member. I never even read ›Mein Kampf‹, he declared. The actor said, he now feared that the uncovering of his Nazis past might mean his Jewish producor, Harry Saltzman, would drop him.«

Ob Fröbe nun den arg langweiligen Schinken *Mein Kampf* gelesen hatte oder nicht: Israel hob nach einigen Monaten den Bann der Fröbe-Filme wieder auf, zumal die eidesstattliche Aussage des Wieners Blumenau mittlerweile via Außenministerium auch im Land am Jordan eingetroffen war.

Und Produzent Harry Saltzman dachte gar nicht daran, diesen Fröbe fallen zu lassen, sondern schickte ihm als Anerkennung für diesen grandiosen James-Bond-Welterfolg eine güldene Belohnung: einen echten Goldfinger.

Wenn wahr ist, was in Filmkreisen erzählt wird, dann hat Fröbe diesen Goldfinger nicht nur dankend angenommen, sondern auch noch das Sprichwort von dem »kleinen Finger und der ganzen Hand« gebraucht. Zu Freunden soll er nämlich geäußert haben: »Schade daß der Film nicht Goldarm hieß!«

Nicht unbedingt einen goldenen Arm, aber doch zumindest eine große goldene Nase verdienten sich die Produzenten mit den nächsten Fröbe-Filmen *Die tollkühnen Männer in ihren fliegenden Kisten* und dem Musical-Film *Tschitti-Tschitti-Bäng-Bäng.*

Über den ersten lachten Königin Elisabeth von England und Prinzgemahl Philip Tränen und drückten Fröbe gerührt die Hand. Über das Musical lachten Kinder und junggebliebene Erwachsene ebenfalls Tränen des Vergnügens.

Zuerst ein paar Worte zum ersten, der in jeder Beziehung an den überragenden *Goldfinger*-Erfolg anschloß.

Bereits bei den Dreharbeiten zu *Die tollkühnen Männer in ihren fliegenden Kisten,* einer Groteske um einen Wettflug London-Paris anno 1910, der schließlich in 25 Stunden und 11 Minuten gelungen sein soll, versetzte Fröbe als deutscher Kavallerieoffizier mit Pickelhaube den gesamten Produktionsstab in gelindes Erstaunen: Er imitierte ganz allein ein ganzes Blasorchester: »Uff-ta, Uff-ta, tu-taratara, taratata.«

»Das kann ich schon seit meinem 15. Lebensjahr und wollte mir diesen Gag für den ersten Film aufheben, den ich einmal selbst produziere«, ließ er verlauten.« Aber als ich in einer Szene, nur so für mich zum Spaß, vor mich hinzuprusten begann, war Regisseur Ken Annakin begeistert und ließ meine Selfmade-Blasmusik in den Film einbauen.«

Es wurde recht komisch. So, daß ein japanischer Filmproduzent vor Lachen tatsächlich vom Stuhl fiel. Prinz Philip fiel zwar nicht vom Stuhl, aber er prustete immer noch ganz unvornehm und vergnügt in sein Taschentuch, klatschte sich begeistert auf

›Those Magnificent Men In Their Flying Machines Or How I Flew From London To Paris In 25 Hours And 11 Minutes‹ (Die tollkühnen Männer in ihren fliegenden Kisten, 1965). Oberst von Holstein (Gert Fröbe) geht unter dem Gelächter seiner Mitstreiter zunächst einmal »baden«. Gert Fröbe in einer umwerfend komischen Rolle als typischer preußischer Offizier.

die Schenkel als im feudalen *Astoria-Kino* in London nach der Uraufführung die Lichter im Saal bereits längst angegangen waren.

Mindestens ebensoviel vergnügte Lacher wie *Die tollkühnen Männer in ihren fliegenden Kisten* brachte die zwerchfellerschütternde Geschichte von dem Wunderauto *Tschitti-Tschitti-Bäng-Bäng,* das schwimmen und fliegen konnte. Gert Fröbe erscheint darin im purpurnen Ornat eines Märchenkönigs, der sich

Nach ›Goldfinger‹ (James Bond 007 – Goldfinger) folgten für Gert Fröbe fast ausschließlich ausländische Produktionen. Hier eine Szene aus dem britischen Film ›Those Magnificent Men In Their Flying Machines Or How I Flew From London To Paris In 25 Hours And 11 Minutes‹ (Die tollkühnen Männer in ihren fliegenden Kisten, 1965). Oberst Manfred von Holstein (Fröbe) hat seinem Kaiser versprochen, als Preuße beim ersten Wettflug London–Paris zu gewinnen.

um jeden Preis dieses Auto verschaffen will. Er sperrt aber den falschen Erfinder in sein Verlies und trotz aller möglicher Drohungen fällt dem Mann doch nichts ein. Er konstruiert ein Auto, das weder schwimmt noch fliegt, sondern lediglich seinen Fahrer in hohem Bogen durch die Luft schleudert. Die erste Versuchsperson ist die Königin, und der Herr König hat zum Schaden auch noch den Spott: zum Schluß des Märchens wird er herzlos die Treppe hinuntergeworfen.

Alle diese und auch noch die zahlreichen anderen Filme, die Fröbe in dieser Zeit dreht, spielen allesamt ihr Geld ein.

Noch vor seinem Welterfolg *Goldfinger* war Fröbe in die Schweiz übersiedelt. In der kleinen südschweizerischen Ortschaft Caslano am Luganer See hatte er ein kleines Haus gekauft, die *Casa Alma*. Damit wollte er seiner vierten Frau Beate eine besondere Freude machen.

Es ist ein hübsches Haus am Hang mit einer geräumigen Terrasse und kleinen Steintreppen zu einem tiefergelegten Garten. Hier konnte sich nun der international gefragte Künstler vom anstrengenden Leben zwischen Scheinwerfern und Kameras erholen — und auch Steuern sparen.

Bis es ihn dann doch wieder nach Deutschland zog. »Ich muß mit den Menschen reden können, muß mich zuhause fühlen können«, ließ er an der Jahreswende 1965/66 verlauten, als er sich in der bayerischen Gemeinde Icking im Isartal ein altes Haus mit 5000 Quadratmeter Grund und altem Baumbestand gekauft hatte. Das Anwesen mit rund 30 Zimmern wirkt jetzt, nach mehrjährigem Um- und Ausbau mit seinem Turm wie eine kleine Festung. Die Mauersimse zieren Zinnen, die Einfahrtstore sind aus massiver Eiche und im englischen Grün gestrichen.

»Es war als Refugium, als ruhender Pol in der Hektik des Alltags für uns gedacht und als Sicherheit für meine Frau Beate, wenn ich einmal nicht mehr da sein sollte«, sagte Fröbe oft.

Aber es kam wieder einmal ganz anders.

Lache, Bajazzo!

Nach drei gescheiterten Ehen hatte sich Gert Fröbe auf das Zusammenleben mit seiner vierten Frau Beate in »Ickingham« gefreut und Pläne geschmiedet: Er wollte nicht mehr so hart arbeiten und sich mehr Muße für sein Privatleben gönnen.

Denn Fröbe hatte nun alles, was er wollte: eine Frau, wie er sie sich vorstellte. »Sie ist die erste, die mit mir lebt, alle anderen lebten gegen mich«, pflegte er zu sagen. Er hatte ein Haus, wie er es sich seit seiner Kindheit erträumte. Und er hatte auch Ruhm und Ansehen, so viel wie er jahrelang nicht zu träumen wagte.

Die schönen Zukunftspläne – sie wurden abrupt zerstört.

Am 15. Juli 1968 begannen die Dreharbeiten in Rom zu *Monte Carlo Rallye*. Anfangs war Ehefrau Beate noch dabei. Dann flog Fröbe an jedem drehfreien Wochenende nach Hause, um bei seiner Frau zu sein.

Als Fröbe am Montagmorgen des 30. September im Schminkraum in der römischen *Cinecitta* Platz nimmt, ist es zehn Uhr.

»Waren Sie am Wochenende auf dem Fußballplatz?« fragt ihn Maskenbildner Amato Garbini. »Nein«, antwortet Fröbe einsilbig, »ich hatte Wichtigeres zu tun.«

Ganz offensichtlich will er sich nicht auf das übliche Montagmorgengespräch über Sport einlassen. So klebt ihm denn Gabini den in stolze Höhen gezwirbelten Kaiser-Wilhelm-Bart und die Koteletten an.

Als Fröbe das Zimmer verlassen hat, meint der Maskenbildner zu einem Kollegen: »Heute muß er irgendeinen Kummer haben.«

Im Gang trifft Fröbe seinen »Beifahrer« Peer Schmidt und erzählt ihm: »Meine Frau mußte gestern mit Blaulicht ins Kreiskrankenhaus Starnberg gebracht werden. Akutes Kreislaufversagen. Am liebsten wäre ich bei ihr geblieben. Doch Beate redete mir zu: ›Na, nun fahr' schon. Du kriegst mich schon wieder zu sehen‹.«

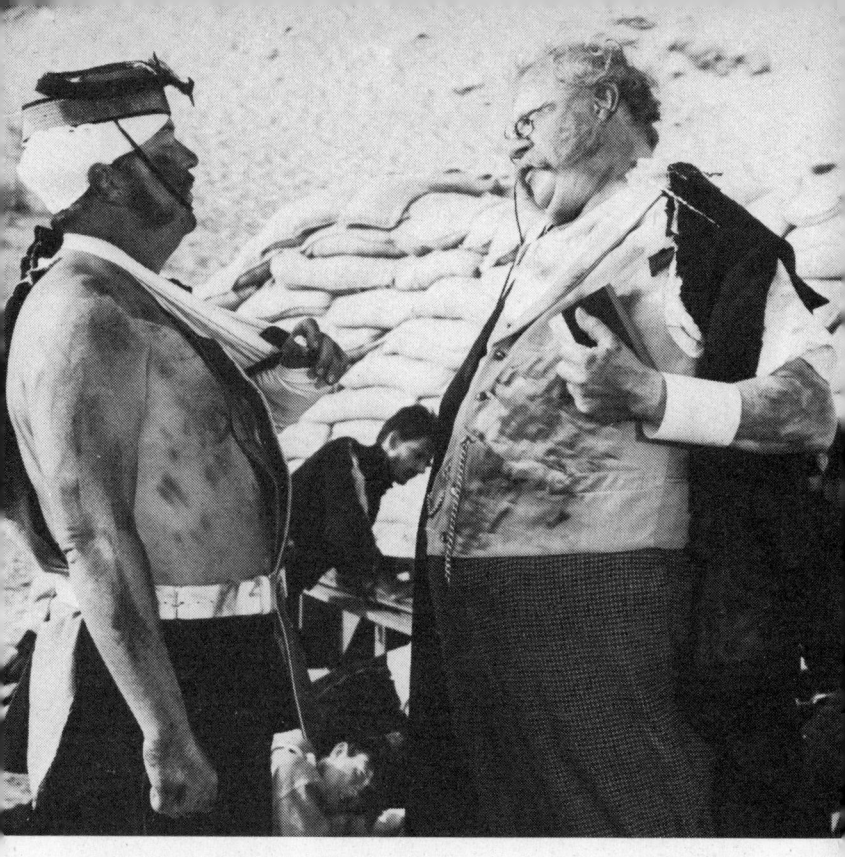

›Jules Vernes Rocket to the Moon/Rocket to the Moon/Those Fantastic
Flying Fools/Blast-Off‹ (Tolldreiste Kerle in rasselnden Raketen, 1965).
Gert Fröbe als Wissenschaftler von Bülow. Sein Partner auf diesem Foto:
Stratford Johns.

Auch die Ärzte hatten ihn beruhigt: »Machen Sie sich keine
Sorgen, wir kriegen ihre Frau schon über den Berg.«

Die Ärzte irrten.

Fröbe fliegt am Sonntag mit der 15.00 Uhr-Maschine zurück
nach Rom, hat ein ungutes Gefühl in der Magengrube. Noch am
selben Abend ruft er das Krankenhaus an, läßt der Patientin einige
notwendige Dinge bringen.

Auch morgen muß er, zwischendurch wenns irgendwie geht, spätestens aber in der Mittagspause, in Starnberg anrufen.

Doch an diesem Montag sind die Dreharbeiten hektisch. Unter strahlend blauem Himmel spricht Regisseur Ken Annakin – mit ihm hat Fröbe in *Die Tollkühnen Männer in ihren fliegenden Kisten* gearbeitet – die Szene mit den Darstellern durch: Das Team Fröbe/Schmidt geht mit ihrem fashionablen Mercedes Cabrio als zweites durch das Ziel. Doch der eigentliche Sieger wird disqualifiziert, weil er gemogelt hat. So rückt das Gauner-Duo auf Platz eins und darf einige Minuten mit Lorbeerkranz triumphieren. Bis die Polizei zuschlägt.

Die Klappe fällt. Das Heer der Statisten auf den Tribünen jubelt und klatscht Beifall. Die Kamera surrt, alles läuft ausgezeichnet. Da platzt kurz vor zwölf eine Produktionssekretärin in die Szene: »Herr Fröbe möchte sofort zum Telefon kommen, das *Hilton-Hotel* ist dran. Es ist dringend.«

So erfährt Gert Fröbe von einer Hotelangestellten die schreckliche, unwiderrufliche Wahrheit: seine Frau ist im Krankenhaus gestorben.

Der Schauspieler kehrt mit müden Schritten zum Drehort zurück, das Gemurmel der Komparsen und des Stabes ebbt ab. Alle blicken auf diesen hünenhaften Mann, dem die Tränen über die Wangen laufen. »Beate ist tot«, schüttelt er fassungslos den Kopf.

»Wir brechen die Arbeit ab«, sagt Regisseur Ken Annakin. Doch Fröbe winkt ab, verweist auf die fünfhundert Komparsen. »Jetzt sind so viele Leute hier. Machen wir wenigstens die Szene fertig.«

So wird weitergejubelt – es ist ein »Lache Bajazzo« ohnegleichen.

Der große Mann mit der karierten Schlägermütze lacht schallend, schwenkt mit triumphierender Geste den Pokal, läßt sich links und rechts vom Rallye-Präsidenten auf die Wange küssen. Aber unaufhörlich quellen ihm Tränen aus den Augen. Der Regisseur bricht des öfteren ab, damit der Maskenbildner das Gesicht trocken tupfen kann.

Gert Fröbe in ›Le Coup Du Parapluie‹ (Der Regenschirmmörder, 1980).

Das grausame, schmerzliche Spiel dauert noch einige Stunden. Fröbe will möglichst schnell nach Hause, nach Starnberg. Um Zeit zu gewinnen, wird er am Drehort abgeschminkt, hat er sich in den Kulissen schon umgezogen.

Aber alle Eile ist umsonst. Über dem römischen Flughafen Fiumicino tobt ein so heftiger Sturm, daß keine Maschine starten kann.

Wieder Rückkehr ins *Hilton.* Peer Schmidt zieht in Fröbes Doppelappartement, damit dieser nicht alleine ist. Es ist jenes Appartement, in dem vor wenigen Wochen noch Beate mit ihm wohnte.

Am Abend scheint er vollkommen am Ende zu sein, muß zwei Schlaftabletten nehmen, um überhaupt ein wenig ausruhen zu können. Es wird die längste Nacht seines Lebens. Erst am nächsten Morgen kann er mit der ersten Maschine nach München fliegen.

Mittlerweile hat sich der Regisseur die Muster angesehen. Das Material ist nicht zu gebrauchen – die Tränen der Trauer auf Fröbes Gesicht sind unübersehbar. »Wir müssen das Ganze noch einmal drehen«, sagt er.

Einige Wochen später, nach der Beerdigung Beates, die mit 38 Jahren an Magenkrebs gestorben war, mußte Gert Fröbe wieder vor der Kamera jubeln – wie das Drehbuch es befahl.

Aber was hat der Tod, der über alles geliebten Frau aus diesem sonst so lebensfrohen und lustigen Mann gemacht?

Einen stillen, einen einsamen Menschen?

Er zieht sich zurück. Zuerst fährt er nach Planitz, zur Mutter, die ihm in seinem Leben immer sehr viel bedeutet hat. Dann kehrt er in sein Haus nach Icking zurück.

Was aber sollte nun werden?

Nicht einmal sechs Jahre durften Beate und er ein glückliches Paar sein, sie hatten Seite an Seite gelebt. So etwas kann man nicht von einem Tag auf den anderen vergessen, ausradieren.

Manchmal werden die Erinnerungen übermächtig. Und Fröbe weiß dann: »Meine jetzige Krankheit kann kein Arzt heilen, bestenfalls die Zeit.«

Als zahllose Frauen ihm in Briefen ihren Beistand anbieten, beteuert er: »Ich brauche kein Mitleid, ich will nur meine Ruhe.«

In diesen Monaten der Zurückgezogenheit bekommt Fröbe einundachtzig Heiratsanträge – er nimmt keinen davon an.

Im April 1970 tritt er erstmals wieder kurz vor eine Kamera. Er ist Gast in Peter Frankenfelds Unterhaltungssendung *Vergißmeinnicht*.

Aber am 21. August 1970 heiratet Gert Fröbe die beste Freundin seiner verstorbenen Frau. Die um zwanzig Jahre jüngere Karin Pistorius.

Sie werden vom Bürgermeister in Icking getraut, die Hochzeit findet nur im kleinsten Kreise statt. Zwei Tage später geht es in die Flitterwochen. Am 23. August sind sie bereits an Bord der *Hanseatic* – mit der dreieinhalbjährigen Tochter Beate aus Karins erster Ehe – auf Kreuzfahrt in der Ostsee. Anschließend fahren alle drei quer durch Frankreich.

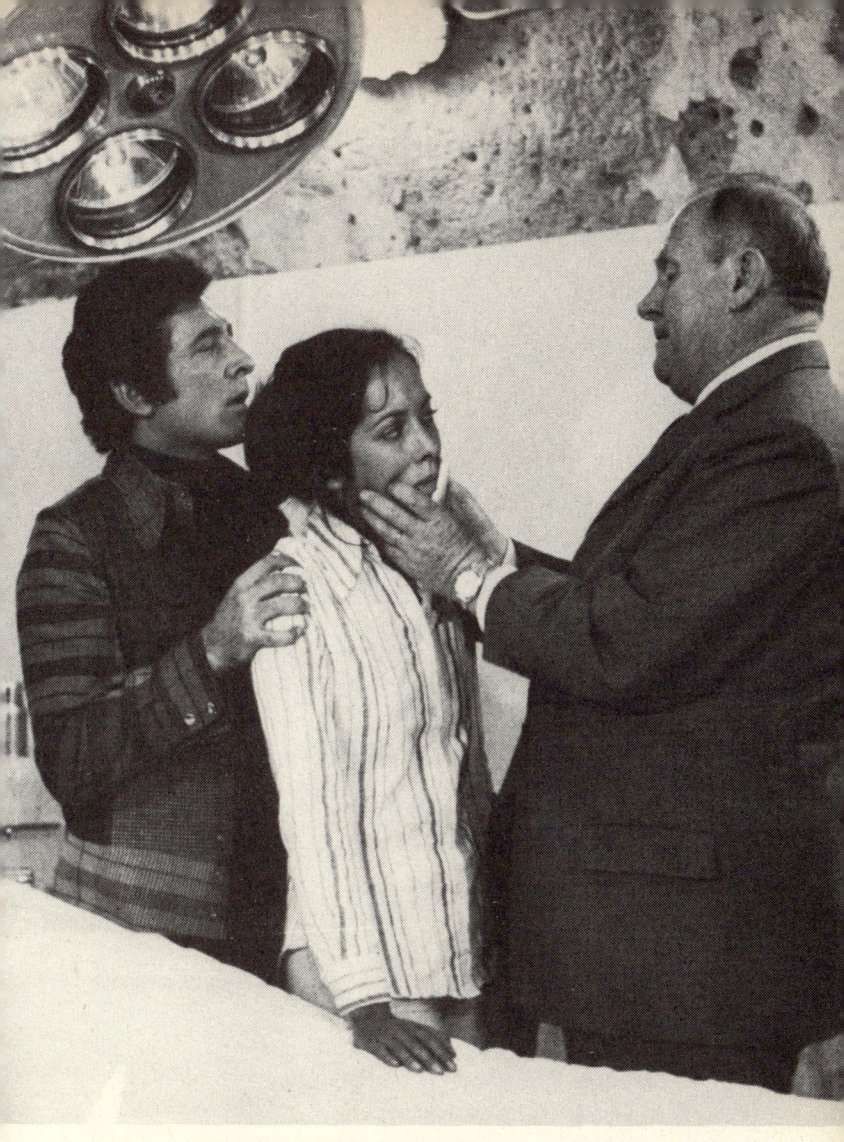

Schutzengel Gert Fröbe: Als Widersacher eines Massenmörders stellt Gert Fröbe das Glück des jungen Paares (Ugo Pagliai, Josephine Chaplin) in dem Film ›L'Homme Sans Visage/Nuits Rouges‹ (Der Mann ohne Gesicht, 1974) unter seinen persönlichen Schutz.

Gert Fröbe mit Ehefrau Karin im April 1981.

Zwei Monate gelingt es, die Hochzeit geheim zu halten. Dann ist es heraus, dann zeigt Fröbe seine Frau in der Öffentlichkeit. »Damit niemand denkt, sie hat vielleicht die Krätze.« Dann gibt er zu, daß seine jetzige Frau schon gut ein Jahr bei ihm wohne. »Ich hätte in dieser Zeit der Trauer auch keinen anderen Menschen um mich herum vertragen. Sie hat mir sehr geholfen und alles Notwendige getan, was eine solche Situation erforderte. Unmerklich kamen wir uns näher und fühlten, daß wir wunderbar miteinander harmonierten.«

Fröbe weiß, warum er sich für Karin entschieden hat: »Sie ist richtig nett und auch so bürgerlich, wie ich das gerne habe. Bei ihr kann man sich auch mal abends hinsetzen und noch gemütlich in die Glotze schauen. Ich bin sehr froh, daß ich nun wieder eine kleine Familie um mich habe. Wegen der Ehe mit Karin brauche ich absolut kein schlechtes Gewissen zu haben – wir sagen immer, unsere Beate da oben muß daran gedreht haben, daß diese Beziehung so glücklich geworden ist.«

Zu Beginn der siebziger Jahre bricht die Filmindustrie in Deutschland restlos zusammen. Sexfilme überschwemmen den Markt, erreichen bald mehr als fünfzig Prozent Marktanteil der Spielfilme. 1970 beginnt Produzent Wolf C. Hartwig mit den Schulmädchen-Report-Filmen das große Geld zu machen. Diese

Kommissar Bauer (Gert Fröbe, links) ist auf der Suche nach Manuela und Abel und erfährt durch Zufall von ihrem Versteck. Eine Szene aus Ingmar Bergmans ›The Serpent's Egg/Das Schlangenei« (1977).

Filme werden weltweit Kassenknüller, bleiben für Jahre Superrenner.

Nach *Josefine Mutzenbacher* (1970) und *Laß jucken, Kumpel* (1972) heißen 1973 die drei erfolgreichsten Filme des Jahres: *Liebesgrüße aus der Lederhose, Das Bullenkloster* und *Schulmädchen-Report 5. Teil.* Ein Jahr später stehen immer noch Streifen wie *Geh, zieh Dein Dirndl aus* und *Unterm Dirndl wird gejodelt* an der Spitze der geschäftlich erfolgreichsten Filme – der deutsche Film hatte seinen unmoralischen Tiefpunkt erreicht.

Auch an Angeboten zu solchen aktuellen, einträglichen Produktionen mangelt es Fröbe nicht. Natürlich hält er mit seinem Unmut nicht hinter dem Berg:»Da bekam ich doch tatsächlich ein Drehbuch ins Haus geschickt, da sollte ich zwar angezogen spielen. Aber bis auf Seite 102 wurde« – und Fröbe sagt es deutlich, weil es ja auch so drinsteht –«da nur herumgebumst. Dann kam endlich ich dran. Ich sollte einen Kriminalkommissar spielen. Der war der einzig angezogene in dem ganzen Puff. Aber ich habe das Drehbuch weit in eine Ecke gefeuert, weil ich es als Frechheit empfinde, mir so etwas zuzumuten.«

Aber immerhin – gelesen hat er es doch ein gutes Stück. Was aber an seiner Meinung nichts ändert, und es ihn mit dem letzten Sachsenkönig, der 1918 bei seiner Abdankung sagte:»Macht Euch Euren Dreck alleene«, halten läßt.

Ans Abdanken denkt Fröbe freilich nicht.

1972 spielte er in Luchino Viscontis *Ludwig II* den Pater Hoffmann. Dieser Beichtvater, das Gewissen der Wittelsbacher, redet dem jungen König zu, nur ja schön artig zu sein und für viele kleine Kinderlein zu sorgen. Obwohl Hochwürden wissen, daß dem jungen König der Sinn so gar nicht nach Frauen steht. Er würde sich lieber in einer Pfanne rösten lassen, als mit einer Frau ins Bett zu steigen.

Mehrfach in diesen Jahren darauf angesprochen, ob es für ihn keine geeigneten Rollen gäbe, sächselte Fröbe wieder sarkastisch: »Nu, wollen sie mich nackisch sehen oder als Indianer?«

Er zieht die Konsequenzen, konzentriert sich wieder auf sein geliebtes Kabarett und hat mit einer Mischung aus Rezita-

Gert Fröbe (als Deichgraf Tede Volkerts) mit Anita Ekström und John Phillip Law in einer Szene des 1978 erneut verfilmten Stoffes von Theodor Storm: ›Der Schimmelreiter‹.

tionen, eingängig erzählten und gespielten Episoden einen überwältigenden Erfolg. Mit diesem Programm »*Durch Zufall frei*« – der Titel, eine Überschrift für Stelleninserate in alten Artistenzeitungen – zieht Gert Fröbe, wenn er gerade frei ist, über die Lande.

Wenn er dort dann in einem pantomimischen Kraftakt das Ausschlüpfen einer Schnecke so überzeugend darstellt, daß die Bäuerin am Heimweg beim Anblick eines Kriechtiers ihren Mann anstößt und sagt: »Oida, paß' auf, das d' net drauftrittst, es kennt da Fröbe sein«, dann weiß der Weltstar, daß er auch hier sein Publikum gepackt hat, woran ihm sehr viel gelegen ist.

Da er dem Film, wie er sagt »alles verdankt« will er ihm auch

›Der Räuber Hotzenplotz‹ (1974), das ist Gert Fröbe.

Rechts: Gert Fröbe in Gustav Ehmcks Film ›Der Räuber Hotzenplotz‹ (1974).

weiterhin – bis auf solche Unterbrechungen – die Nibelungentreue halten.

Mit ein Grund, weshalb er 1973 für seine sechsjährige Tochter Beate (da war Fröbe 60) den *Räuber Hotzenplotz* spielte: Mit kohlschwarzem Rauschebart, riesengroßem Räuberhut, unheim-

lich großer Nase und einem Dickbauch, an dem sieben Messer Platz hatten, treibt er als »gar schrecklicher Unhold« in Wäldern sein Unwesen und Schabernack.

Bald darauf filmt er wieder mit dem Regisseur Gustav Ehmck. In seinem zweiten Jugendfilm *Mein Onkel Theodor* regiert er mit seiner Ehefrau (Barbara Rütting) über sechs widerspenstige Söhne – wenn er gerade einmal wach ist. Denn dieser Vater Wurster fällt immer sofort in tiefen Schlaf, sobald er eine bestimmte Sorte Veilchenpastillen verzehrt.

Fröbe macht es nichts aus, daß er in diesem Film in den Augen der Kinder einen liebenswerten Trottel darstellt.

Denn für die Kinder ist dieser Onkel der Größte, wie die mitspielenden Rangen auch während der Dreharbeiten immer wieder

Kurdirektor Pichmann (Josef Moosholzer) bewirbt sich erfolglos um die Rolle des Ehemannes von Barbara Rütting, deren Gatte Wurster, bekannt als Onkel Theodor (Gert Fröbe, schlafend auf dem Kissen zwischen den beiden abgebildet) in Dauerschlaf verfallen ist. Eine Szene aus dem Film ›Mein Onkel Theodor oder Wie man im Schlaf viel Geld verdient‹ (1975).

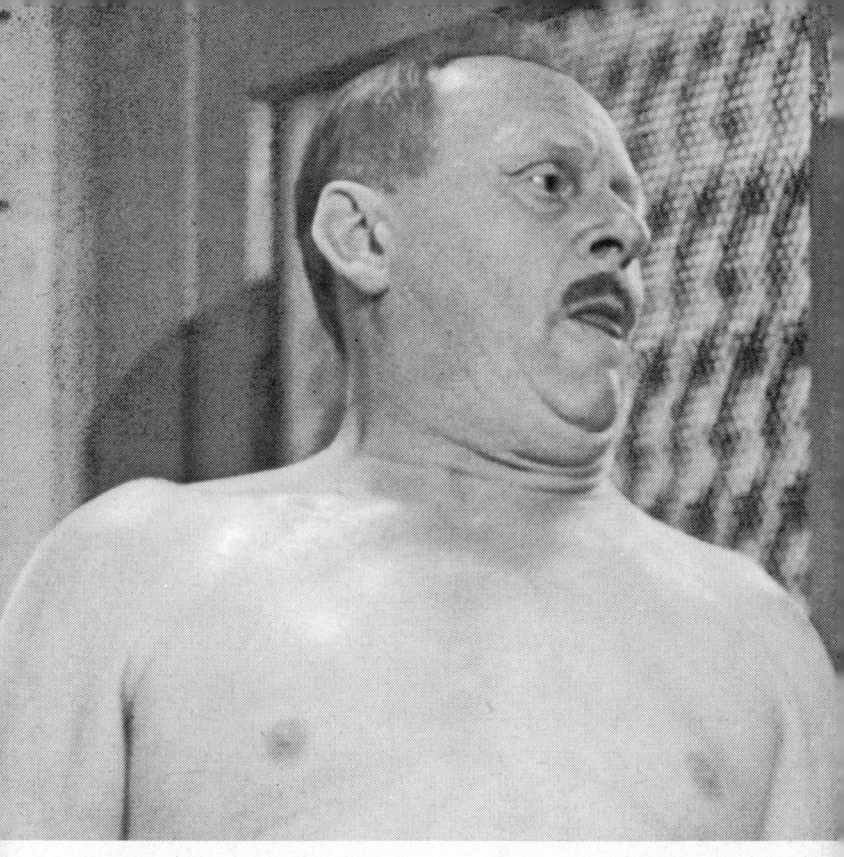

Gert Fröbe, wieder unter der Regie von Gustav Ehmck: ›Mein Onkel Theodor oder Wie man im Schlaf viel Geld verdient‹ (1975).

versicherten. Auch Gert Fröbe, der Kinder sehr mag, kam mit ihnen ausgezeichnet zurecht. »Kinder sind die besten Kameraden, die man sich nur vorstellen kann. Und die Darstellung des Theodors – sie machte mir sehr viel Spaß. Denn diese Type steht nicht da, wie ein steifes Mahnmal, sondern sie ist ’ne pralle Figur aus dem Alltag.«

Obwohl mittlerweile die Kritik an ihm nichts mehr zu mäkeln hat, kümmert sich Fröbe um die Meinung der Filmkritiker schon lange nicht mehr.

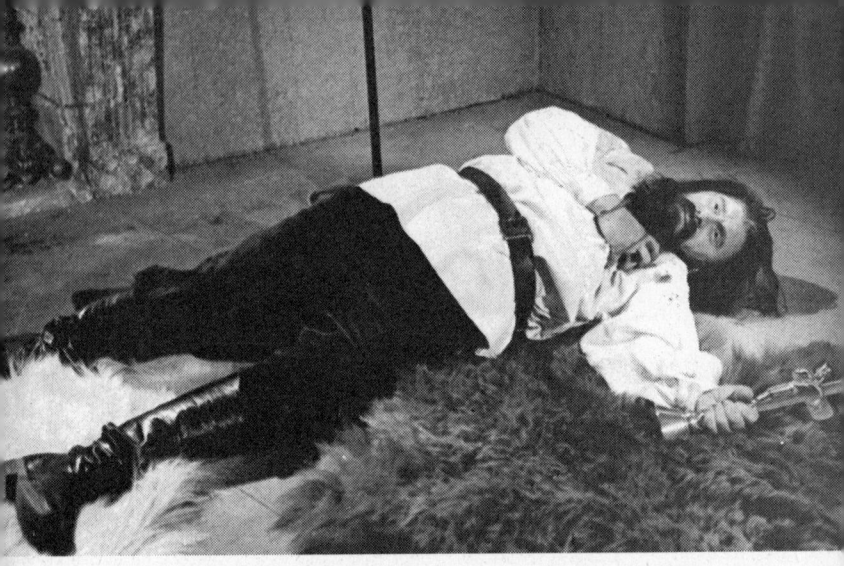

>J'ai Tue Raspoutine/Addio Lara< (Ich tötete Rasputin/Donner über St. Petersburg, 1967). Gert Fröbe in der Titelrolle dieses Spielfilms des Schauspieler/Regisseurs Robert Hossein.

Rechts: Géraldine Chaplin und Gert Fröbe in >J'ai Tue Raspoutine/Addio Lara< (Ich tötete Rasputin/Donner über St. Petersburg, 1967).

Als Begründung hat er ein überzeugendes Beispiel an der Hand: »Die beiden extremsten Kritiken, die ich je über mich gelesen habe, erschienen zu meinem französischen Film *Ich tötete Rasputin.* Ein Kritiker vom Pariser *Le Figaro* schrieb: »Gert Fröbe ist der beste Rasputin, den ich je gesehen habe. In einer Klammer vermerkte er hinter diesem Satz: >Trotz Harry Baur<.«

Wobei zu bemerken ist, daß dieser Harry Baur sozusagen der Emil Jannings Frankreichs war. Eine deutsche Zeitung hingegen vermerkte respektlos: »Gert Fröbe als Rasputin ist eine Mischung aus Rhinozeros und Neandertaler!«

Verständlich, daß einem da berechtigte Zweifel am Sinn oder Unsinn der Kritik kommen können.

Folglich will Gert Fröbe sich hier gleich gar nicht in einen Gewissenskonflikt stürzen lassen.

Er gehört auch zu jenen Schauspielern, die keinen einzigen Zeitungsausschnitt über sich selbst und ihre Filme aufheben.

»Das habe ich schon zu Anfang meiner Karriere so gehalten. Warum soll ich mir die Mühe machen, das ganze Zeug aufzuheben. Das landet sowieso alles einmal – rums – im Ofen. Aber trotzdem lese ich jede Kritik, die mich erreicht mit großem Interesse.«

Freilich –, Fröbe könnte schon längst auf seinem Besitz »Ickingham«, wie das Anwesen von ihm und Freunden genannt wird, unbekümmert in den Tag hineinleben und den lieben Gott sowie vor allem die Filmgewaltigen gute Männer sein lassen.

Aber so ab und an möchte der Erzkomödiant doch noch die eine oder andere Rolle spielen. »Wenn es sich ergibt. Ich muß ja nicht, aber ich kann. Und es gibt noch eine Menge Rollen, die ich mir durchaus vorstellen könnte.«

Bundesinnenminister Hans-Dietrich Genscher überreichte Gert Fröbe am 23. 2. 1973 in Bonn das Bundesverdienstkreuz.

Über den Karl-Valentin-Orden freut sich, nach Werner Finck, Loriot und Siegfried Sommer diesmal Gert Fröbe (24. Februar 1978). Neben Fröbe der »Narhalla«-Präsident Dr. Paul Stengel.

Nach seinem 65. Geburtstag, an dem ihm Innenminister Hans-Dietrich Genscher das *Bundesverdienstkreuz* überreichte, traf auch auf dem kleinen Gut in Icking der Rentenbescheid aus Berlin ein.

Gäste sind nicht sehr häufig in diesem schönen Haus. Genauer: große Feste sind selten in Icking. Gert Fröbe hat da eine andere Vorstellung vom Leben. »Am liebsten Billard bis halb zwölf und

Gert Fröbe und Familie (1972).

ab und an ein netter Schwips – das ist so recht nach meinem Gemüt.«

Obwohl er die Mark nicht umzudrehen braucht, weiß er genau, wie schwer sie zu verdienen ist und wie schnell alles dahin sein kann.

Hat er denn sein Schäfchen im Trockenen? Besitzt er Aktienpakete, Miethäuser oder andere Sachwerte?

»Sie werden lachen, ich weiß gar nicht, was eine Aktie ist und wie so etwas ausschaut«, pflegt er auf solche Fragen zu antworten.

Soll man das glauben?

»Ich habe«, und dabei weist er in seinem Haus mit einer Handbewegung um sich«, mein ganzes Geld hier investiert. Das ist meine Welt! Außerdem halte ich mich für begabt genug, um mir bis ans Lebensende mein tägliches Brot noch zusammenstellen zu können.«

Womit er recht haben dürfte. Doch so ganz ohne finanzielles Polster dürfte »Deutschlands lustigster Sachse« aber nicht sein. Schließlich drehte er in Spitzenzeiten bis zu dreizehn Filme pro Jahr, und als Hollywood nach ihm verlangte, gab es eine runde Million pro Jahr, manchmal sogar ein bißchen mehr. Da bleibt auch noch nach ordentlichen Steuern einiges für den Tisch des Hauses. Dazu muß noch bedacht werden, daß dieser Mann alles andere als ein »leichter Vogel« ist und so gar nicht dazu neigt sein Geld zu verplempern.

»Aus freien Stücken bin ich noch niemals in eine Bar gegangen«, sagt er.« Da bleibe ich lieber daheim in meinem Nest.«

Den Ausbau dieses Nestes hatte er deshalb konsequenterweise auch selbst übernommen. Dazu wurde zum Beispiel die Kücheneinrichtung von Fröbe höchstpersönlich auf einem Lastwagen von Lugano nach Icking gefahren. Die Zöllner an der Grenze staunten nicht schlecht, glaubten einen Zwillingsbruder des Stars vor sich zu haben. Sie konnten einfach nicht glauben, daß dieser prominente ›Mister Goldfinger‹ selbst am Steuer eines Lastwagens sitzt.

Bezeichnend, wie Fröbe so etwas sieht: »Ich habe damit in zwei Tagen gut und gerne 2.000 Mark Umzugskosten gespart, wenn nicht mehr. Bestimmt werde ich in meinem ganzen Leben nicht so vermögend sein, daß ich auf der Couch liegen bleibe, wenn ich so schnell derart viel Geld verdienen kann. Einfach, weil ich aufgrund meiner Herkunft und meiner Erziehung weiß, was eine Mark ist.«

Ganz offensichtlich – dieser Gert Fröbe, der übrigens das Wort »Star« haßt, wenn es um ihn geht, ist trotz seiner Welterfolge angenehm normal geblieben.

Wie sonst wäre zu verstehen, daß er sagt: »Ich fahre genauso gerne Straßenbahn wie Rolls-Royce.«

Ja-aber bitte nur, wenn es drinnen nicht zu voll ist . . .

Die Filme von Gert Fröbe

Bei internationalen Produktionen bezieht sich das angegebene Uraufführungsdatum auf die deutsche Erstaufführung. Abkürzungen: F – Frankreich, It – Italien, BRD – Bundesrepublik Deutschland, GB – Großbritannien.

1948

1 **Berliner Ballade** (BRD)
Produktion Comedia. *Regie* Robert A. Stemmle. *Drehbuch* Günther Neumann. *Kamera* Georg Krause. *Musik* Werner Eisbrenner, Günther Neumann.
Darsteller Gert Fröbe, Aribert Wäscher, Tatjana Sais, Ute Sielisch, O. E. Hasse, Hans Deppe, Karl Schönböck, Herbert Hübner, Rita Paul, Brigitte Mira, Alfred Schieske, Eduard Wenck, Erich Dunskus, Albert Bessler, Erwin Biegel, Werner Oehlschläger, Herbert Weißbach, Marianne Prenzel, Ruth Zillger, Georgia Lind, Jeanette Brons, Herwart Grosse, Alfred Parpart, Kurt Weitkamp, Franz Otto Krüger, Otto Matthies, Franziska Dörr, Walter Strasen, Georg August Koch, Franz Pollandt, Walter Schramm, Walter Bluhm, Karl Hannemann, Veronika Mayer, August Frede, Kurt Muskate, Alf Kuck, George Völkel, Edgar Pauly, Walter Bechmann, Kurt Getke, Ilse Trautschold, Reinhold Bernt, Max Paetz, Theo Vogler, Alfred Beierle, Eva Bodden, Siegfried Dornbusch, Gunhild Schwinning, Alexander Welbat, Hans Kurt Müller, Erik v. Loewis, Michael Symo, Werner Völger, Lilo Nowka, Sigrid Logan, Lilo Herbeth, Ursula Müller, Hugo Kalthoff, Hans Schille, Helmut Heyne, Frank Arlett, Richard Thümmler, Jo Wiedenhaupt, Alfred Maack, Valy Arnheim, Otz Tollen, Joe Furtner, Clemens Hasse, Erik Ode (als Sprecher).
Gert Fröbe als spindeldürrer »Otto Normalverbraucher«, der arbeitslos und hungrig in die trostlose Trümmerwüste der alten Reichshauptstadt zurückkehrt.
Uraufführung 31.12.1948. (West-Berlin)

1949

2 **Nach Regen scheint Sonne** (BRD)
Produktion AGF. *Regie* Erich Kobler. *Drehbuch* Jo Hanns Rösler, nach einer Idee von Heinz Coubier. *Kamera* Klaus von Rautenfeld, *Musik* Emil Ferstl, Artur Beul.
Darsteller Sonja Ziemann, Gert Fröbe, Rudolf Platte, Ralph Lothar,

Liesl Karlstadt, Beppo Brem, Gunnar Möller, Willy Reichert, Renate Mannhardt, Heini Goebel, Gisela von Jagen, Willy Rose, Ellinor von Hartlieb, Paula Braend.

Gert Fröbe als junger Bursche Konstantin, der die Tochter des Bürgermeisters pro forma heiratet und in dieser Schein-Ehe schließlich doch glücklich wird.

Uraufführung 16.12.1949 (Düsseldorf und West-Berlin)

1952

3 **Der Tag vor der Hochzeit** (BRD)
weiterer Verleihtitel **Große Schwächen, kleine Sünden**
Produktion Filmaufbau. *Regie:* Rolf Thiele. *Drehbuch* Thiele. *Kamera* Oskar Schnirch. *Musik* Norbert Schultze.

Viktor Tourjansky drehte 1953 den Film ›Salto Mortale‹. Gert Fröbe hatte darin die kleine Rolle des taubstummen Stallknechtes Jan. In diesem Zirkusfilm erschien Fröbes Name noch an elfter Stelle in der Besetzungsliste, obwohl er 1948 und 1949 bereits zwei Hauptrollen im Film gespielt hatte. Jahrelang hatte der deutsche Film für diesen Schauspieler nur Nebenrollen anzubieten. Auf dem Szenenfoto:: Margot Hielscher, Fröbe, Frits van Dongen.

Darsteller Paul Dahlke, Käthe Haack, Elisabeth Müller, Joachim Brennecke, Wolfgang Lukschy, Walter Giller, Susi Nicoletti, Adelheid Seeck, Elisabeth Flickenschildt, Gert Fröbe, Hugo Lindinger, Ursula Herking, Günther Lüders, Else Reval, Ilse Künkele.
Gert Fröbe als Rundfunkreporter, der mit theatralischen Pathos vom Dach des Göttinger Rathauses über den Empfang des Staatspräsidenten berichtet.
Uraufführung 27.11.1952

1953

4 **Salto Mortale** (BRD)
Produktion Komet. *Regie* Viktor Tourjansky. *Drehbuch* Felix Lützkendorf. *Kamera* Konstantin Irmen-Tschet. *Musik* Lothar Olias.
Darsteller Margot Hielscher, Frits Van Dongen, Karlheinz Böhm, Paul Kemp, Christine Kaufmann, Erika Remberg, Gunnar Möller, Gert Fröbe, Nikolai Kolin, Willi Rösner.
Gert Fröbe als taubstummer Stallknecht Jan.
Uraufführung 30.4.1953

5 **Die vertagte Hochzeitsnacht** (BRD)
Produktion Ariston. *Regie* Karl Georg Külb. *Drehbuch* Karl Georg Külb, nach einem Schwank von Arnold und Bach. *Kamera* Ernst W. Kalinke. *Musik* Friedrich Meyer.
Darsteller Theo Lingen, Steffie Struck, Hans Leibelt, Viktor Staal, Margot Hielscher, Ingrid Lutz, Paul Westermeier, Käthe Haack, Dorit Kreysler, Gert Fröbe.
Gert Fröbe als hilfsbereiter, schwarzgelockter Gondoliere, der deutsch mit sächsischem Einschlag spricht.
Uraufführung 2.7.1953

6 **Ein Herz spielt falsch** (BRD)
Produktion Georg Witt. *Regie* Rudolf Jugert. *Drehbuch* Erna Fentsch, nach dem Roman von Hanns-Ulrich Horster. *Kamera* Helmuth Fischer-Ashley. *Musik* Werner Eisbrenner.
Darsteller O.W. Fischer, Ruth Leuwerik, Gertrud Kückelmann, Günther Lüders, Carl Wery, Hermann Speelmans, Rudolf Vogel, Lina Carstens, Gert Fröbe, Greta Keller.
Gert Fröbe als leicht angesäuselte Type, der einen verhängnisvollen Brief überbringt.
Uraufführung 16.7.1953

In ›Arlette erobert Paris‹ spielte Gert Fröbe wieder unter der Regie von Viktor Tourjansky; hier ist er der verschrobene Manager Edmond Duval im Künstlermilieu von Paris. Diese Aufnahme aus dem Jahre 1953 zeigt Gert Fröbe, Claus Biederstaedt und Peer Schmidt.

7 **Arlette erobert Paris** (BRD)
Produktion Rotary. *Regie* Viktor Tourjansky. *Drehbuch* Tourjansky,
nach dem Buch von Frank F. Braun. *Kamera* Heinz Schnackertz.
Musik Peter Kreuder.
Darsteller Johanna Matz, Karlheinz Böhm, Claus Biederstaedt,
Paul Dahlke, Peer Schmidt, Erni Mangold, Lina Carstens, Gert Fröbe,
Kurt Großkurth, Rudolf Vogel.
Gert Fröbe als verschrobener Impresario im Künstler-Milieu von
Paris.
Uraufführung 1.9.1953

8 **Hochzeit auf Reisen** (BRD)
Produktion Interglobal. *Regie* Paul Verhoeven. *Drehbuch* Charlotte
Diller, E. Morawsky, Verhoeven, nach dem Roman von Heinrich
Spoerl. *Kamera* Willy Goldberger. *Musik* Lothar Olias.
Darsteller Gardy Granass, Karlheinz Böhm, Susi Nicoletti, Paul
Klinger, Joachim Teege, Gert Fröbe.
Gert Fröbe als mißvergnügter Spießbürger Mengwasser.
Uraufführung 31.12.1953

9 **Die kleine Stadt will schlafen gehen** (BRD)
weiterer Verleihtitel **Die sieben Sünder**
Produktion Capitol/König. *Regie* Hans H. König. *Drehbuch* König,
Lacmüller, nach der Erzählung von Wilhelm Lichtenberg. *Kamera*
Kurt Hasse. *Musik* Werner Bochmann.
Darsteller Gustav Fröhlich, Jester Naefe, Herbert Hübner, Helen Vita,
Harald Paulsen, Hermann Pfeiffer, Alexander Golling, Gert Fröbe,
Gerda Maurus, Margit Symo, Bobby Todd, Hans Hermann Schaufuss.
Gert Fröbe als »Gelegenheitsarbeiter« Oskar Blume, der gestohlenen
Briefen nachjagt, die für ihn wie für einige Bewohner des Städtchens
belastend sein könnten.
Uraufführung 11.2.1954

1954

10 **Morgengrauen** (BRD)
weiterer Verleihtitel **Zwischen Pflicht und Liebe**
Produktion Ariston. *Regie* Viktor Tourjansky. *Drehbuch* Werner
P. Zibaso, nach dem Roman von Hubert Miketta. *Kamera* Friedel
Behn-Grund. *Musik* Lothar Brühne.

Herbert Hübner (links) und Gert Fröbe in Hans H. Königs Film ›Die kleine Stadt will schlafen geh'n/Sieben Sünder‹ au dem Jahre 1953.

Darsteller Elisabeth Müller, Hans Stüwe, Renate Mannhardt, Alexander Kerst, Josef Sieben, Oliver Grimm, Carsta Löck, Gert Fröbe. Gert Fröbe in einer kleinen Nebenrolle. *Uraufführung* 2.9.1954

11 **Das Kreuz am Jägersteig** (BRD)
Produktion König. *Regie* Hermann Kugelstadt. *Drehbuch* Johannes Kai, Kugelstadt. *Kamera* Günther Rittau, Erich Küchler. *Musik* Werner Bochmann.
Darsteller: Armin Dahlen, Jester Naefe, Albert Hehn, Wera Frydtberg, Angelika Voelkner, Gert Fröbe, Franz Muxeneder, Beppo Brem, Michl Lang, Bobby Todd, Charlott Daudert.
Gert Fröbe als Finanzier Kobbe, der den Bau eines Sägewerks in den Alpen ermöglicht.
Uraufführung 1.10.1954

12 **Mannequins für Rio** (BRD/USA)
Produktion Corona/Lippert Pictures. *Regie* Kurt Neumann. *Drehbuch*
Kurt Neumann, Felix Lützkendorf, Jacques Companeez. *Kamera*
Ekkehard Kyrath. *Musik* Michael Jary.
Darsteller Johanna Matz, Scott Brady, Ingrid Stenn, Raymond Burr,
Kurt Meisel, Gisela Fackeldey, Gert Fröbe, Katharina Mayberg,
Erica Beer, Gordon Howard, Eduard Linkers, Pero Alexander,
Caterina Valente, Gerhard Wendland, Hannelore Axmann, Willy
Trenk-Trebitsch.
Gert Fröbe als zwielichtiger Kapitän Lobos des brasilianischen
Schiffes »Palacio d'Oro«.
Uraufführung 20.10.1954

13 **Double Destin** (F/BRD)
dt. Titel **Das zweite Leben**
Produktion Madeleine/Trans-Rhein. *Regie* Victor Vicas. *Drehbuch*
D. Werner, Frédéric Grendel, Victor Vicas, nach der Komödie von
Jean Giraudoux. *Kamera* André Bac, Ted Kornowicz. *Musik* Hans-
Martin Majewski.
Darsteller Simone Simon, Michel Auclair, Bernhard Wicki, Barbara
Rütting, Gert Fröbe.
Gert Fröbe in der Nebenrolle des Herrn Mittelmeier.
Uraufführung 12.11.1954

14 **Ewiger Walzer** (BRD)
weiterer Verleihtitel **Frauen um Johann Strauß**
Produktion Rotary/Tetting. *Regie* Paul Verhoeven. *Drehbuch* Fried-
rich Schreyvogl, Alexander Lix, Verhoeven. *Kamera* Franz Koch.
Musik Alois Melichar, unter Verwendung der Musik von Johann
Strauß.
Darsteller Bernhard Wicki, Hilde Krahl, Annemarie Düringer, Hans
Putz, Ulrich Bettac, Claus Biederstaedt, Gert Fröbe, Leonhard
Steckel, Hermann Thimig, Erik Frey, Paul Verhoeven, Willy Trenk-
Trebitsch, Friedl Loor, Lis van Essen, Ellen Hille, Maria Eis, Elisabeth
Neumann-Viertel, Eduard Strauß jr.
Gert Fröbe als zaristischer Staatsrat Gawrinoff dessen Tochter Olga
sich in den Wiener Walzerkönig Johann Strauß verliebt.
Uraufführung 17.12.1954

Unter den mitreißenden Klängen der Strauß-Kapelle vergessen die seriösen Herren des russichen Hochadels plötzlich alle Etikette und tanzen wild den Krakowiak. Gert Fröbe in der Rolle des Staatsrats Gawrinoff in dem Paul-Verhoeven-Film ›Ewiger Walzer/Frauen um Johann Strauß‹ (1954).

1954/55

15 **Mr. Arkadin** (USA/Spanien/F)
alternativer amerikanischer Titel **Confidential Report**
deutscher Titel **Herr Satan persönlich!**
Produktion Mercury Productions/Cervantes Film/Sevilla Studios/Film Organisation. *Regie* Orson Welles. *Drehbuch* Welles nach seinem Roman. *Kamera* Jean Bourgoin. *Musik* Paul Misraki.
Darsteller Orson Welles, Paola Mori, Robert Arden, Akim Tamiroff, Michael Redgrave, Patricia Medina, Mischa Auer, Katina Paxinou, Jack Watling, Grégoire Aslan, Peter van Eyck, Suzanne Flon, Tamara Shane, Frédéric O'Brady, Eduard Linkers, Gert Fröbe.
Gert Fröbe mit Eduard Linkers in einer kleinen Rolle als Detektiv.

1955

16 **Special Delivery** (USA/BRD)
   dt. Titel **Vom Himmel gefallen**
   Produktion Columbia, Trans-Rhein. *Regie* John Brahm. *Drehbuch*
   Philipp Reismann jr., Dwight Taylor, Geza von Radvanyi.
   Kamera Joseph Brun. *Musik* Bernhard Kaun.
   Darsteller Joseph Cotten, Eva Bartok, René Deltgen, Bruni Löbel,
   Gert Fröbe, Niall MacGinnis, Lexford Richards, Don Hammer,
   Robert Cunningham, Ursula Herking.
   Gert Fröbe als Olaf, ein schwedischer Koch der amerikanischen
   Botschaft, der sich als Vater eines Findelkindes entpuppt.
   Uraufführung 8.4.1955

17 **Der dunkle Stern** (BRD)
   Produktion Wega. *Regie* Hermann Kugelstadt. *Drehbuch* Maria v.
   Osten-Sacken, nach einer Geschichte von Georg Hurdalek und Peter
   Francke. *Kamera* Heinz Pehlke. *Musik* Bernhard Eichhorn.
   Darsteller Viktor Staal, Ingeborg Schöner, Toxi (Elfie Fiegert),
   Ilse Steppat, Paul Bildt, Hansi Knoteck, Siegfried Breuer jr., Gert
   Fröbe, Edith Schultze-Westrum, Wolfgang Büttner, Albert Florath.
   Gert Fröbe als Zirkusdirektor Deltorri
   Uraufführung 19.5.1955

18 **Ich weiß, wofür ich lebe** (BRD)
   Produktion Neubach. *Regie* Paul Verhoeven. *Drehbuch* Ernst
   Neubach, Margarethe Hohoff, Claus Hardt. *Kamera* Heinz Hölscher.
   Musik Anton Profes.
   Darsteller Luise Ullrich, Lil Dagover, Robert Freytag, Michael Ande,
   Knut Mahlke, Werner Fuetterer, Gert Fröbe, Ruth Stephan, Ernst
   Ginsberg, Beppo Schwaiger, Wolf Ackva, Hans Cossy, Joachim Teege,
   Heini Goebel.
   Gert Fröbe als Inspektor Pfeifer der Jugendfürsorge, der während
   eines laufenden Vaterschaftsprozesses die betroffenen Kinder ins
   Heim aufnimmt.
   Uraufführung 26.5.1955

Gert Fröbe und Bruni Löbel als Olaf und Lilli, Koch und Köchin der
amerikanischen Botschaft. Ein Szenenfoto aus dem Film ›Special Delivery/
Vom Himmel gefallen‹ (1955).

19 **Les héros sont fatigués** (F/BRD)
dt. *Titel* **Die Helden sind müde**
Produktion Cila/CCC/Terra. *Regie* Yves Ciampi. *Drehbuch* J. L.
Tachella, Yves Ciampi, J.L. Bost, H.F. Rey, nach einer Idee von
Christine Garnier. *Kamera* Henri Alekan, Gustave Raulet. *Musik*
Louiguy.
Darsteller Maria Felix, Curd Jürgens, Yves Montand, Jean Servais,
Gert Fröbe, Gérard Oury, Gordon Heath, Elisabeth Manet, Jean
Verner.
Gert Fröbe als ›Hermann aus Dresden‹, ein ehemaliges Mitglied der
ostzonalen Regierung Deutschlands, der sich in Afrika eine neue
Existenz aufbauen will.
Uraufführung 13.10.1955

20 **Das Forsthaus in Tirol** (BRD)
Produktion König. *Regie* Hermann Kugelstadt. *Drehbuch* Johannes
Kai, Kugelstadt, nach einer Idee von Hans H. König und Lacmüller.
Kamera Günther Rittau, Henry Rupé. *Musik* Werner Bochmann.
Darsteller Albrecht Schoenhals, Dorothea Wieck, Wera Frydtberg,
Helmuth Schneider, Christian Doermer, Albert Hehn, Albert Florath,
Ingeborg Christiansen, Gert Fröbe, Ernst Waldow, Beppo Brem,
Charles Regnier, Hubert von Meyerinck, Michl Lang.
Gert Fröbe als Kaufmann Bäuerle.
Uraufführung 4.11.1955

21 **Ein Mädchen aus Flandern** (BRD)
Produktion Capitol. *Regie* Helmut Käutner. *Drehbuch* Heinz Pauck,
Käutner, nach einer Novelle von Carl Zuckmayer. *Kamera* Friedel
Behn Grund. *Musik* Bernhard Eichhorn.
Darsteller Nicole Berger, Maximilian Schell, Viktor de Kowa, Fried-
rich Domin, Gert Fröbe, Anneliese Römer, Erica Balqué, Fritz
Tillmann, Emmy Burg, Helmut Käutner, Reinhard Kolldehoff.
Gert Fröbe als bornierter deutscher Rittmeister Kupfer im besetzten
Flandern während des Ersten Weltkrieges.
Uraufführung 16.2.1956 (Hannover)

22 **Ein Herz schlägt für Erika** (BRD)
Produktion Wega. *Regie* Harald Reinl. *Drehbuch* Maria v. Osten-
Sacken, Walter Forster. *Kamera* Erich Claunigk. *Musik* Lothar
Brühne.
Darsteller Christine Kaufmann, Grethe Weiser, Wolfgang Büttner,

Gert Fröbe als Bauleiter Heubacher neben Wolfgang Büttner und Grethe Weiser in Harald Reinl Film ›Ein Herz schlägt für Erika‹ (1955).

Helmuth Schneider, Gert Fröbe, Ingrid Stenn, Olga Limburg, Franz Otto Krüger, Elvira Schalcher.
Gert Fröbe als gemütlicher und hilfsbereiter Bauleiter Heubacher, dessen Firma von einer energischen Dame geleitet wird.
Uraufführung 9.3.1956

1956

23 **Waldwinter** (BRD)
Produktion Apollo. *Regie* Wolfgang Liebeneiner. *Drehbuch* Werner P. Zibaso und Dilmen, nach dem Roman von Paul Keller. *Musik* Peter Sandloff.
Darsteller Claus Holm, Sabine Bethmann, Rudolf Forster, Gert Fröbe, Willy A. Kleinau, Erica Beer, Beppo Brem, Helene Thimig, Ilse

Steppat, Susanne Cramer, Klaus Kinski, Margarete Haagen, Otz Tollen, Alexander Engel.

Gert Fröbe als gewissenhafter und seinem schlesischen Baron treu ergebener Oberförster Gerstenberg.

Uraufführung 30.3.1956

24 **Robinson soll nicht sterben** (BRD)
Produktion Herzog-Film/NDF. *Regie* Josef von Baky. *Drehbuch* Johannes Mario Simmel, Emil Burri, nach dem Theaterstück von Friedrich Forster. *Kamera* Günther Anders. *Musik* Georg Haentzschel.

Darsteller Romy Schneider, Horst Buchholz, Erich Ponto, Magda Schneider, Mathias Wieman, Gustav Knuth, Gert Fröbe, Rudolf Vogel, Elisabeth Flickenschildt, Günther Lüders, Joseph Offenbach, Ernst-Fritz Fürbringer, Siegfried Lowitz, Heinrich Gretler, Mario Adorf, Roland Kaiser, Wolfgang Condrus, Urs Hess, Hans Leyrer, Rudolf Rhomberg, Karl-Heinz Peters.

Gert Fröbe als Mr. Gillis, Besitzer einer Baumwollspinnerei, die im London des Jahres 1730 von der Kinderarbeit lebt.

Uraufführung 7.2.1957

1957

25 **Celui qui doit mourir** (F/It.)
ital. Titel **Colui che deve morire**
dt. Titel **Der Mann, der sterben muß,** *auch* **Aufstand**
Produktion Indus/Prisma/Cinétal/Da.Ma./Filmsonor. *Regie* Jules Dassin. *Drehbuch* Dassin, Ben Barzman, nach dem Roman von Nikos Kazantzakis. *Kamera* Jacques Natteau, Gilbert Chain. *Musik* Georges Auric.

Darsteller Pierre Vaneck, Jean Servais, Fernand Ledoux, Gert Fröbe, Maurice Ronet, Melina Mercouri, Grégoire Aslan, Roger Hanin, Nicole Berger, Carl Möhner, Dimos Starenics.

Gert Fröbe als weißhaariger Patriarch eines griechischen Dorfes unter türkischer Herrschaft.

Uraufführung 22.11.1957

26 **Typhon sur Nagasaki** (F/Japan)
dt. Titel **Taifun über Nagasaki**
auch **Liebe und Taifun auf Nagasaki**
Produktion Pathé, Terra, Stochiku, CICC, Cila, Pat, Doxa. *Regie*

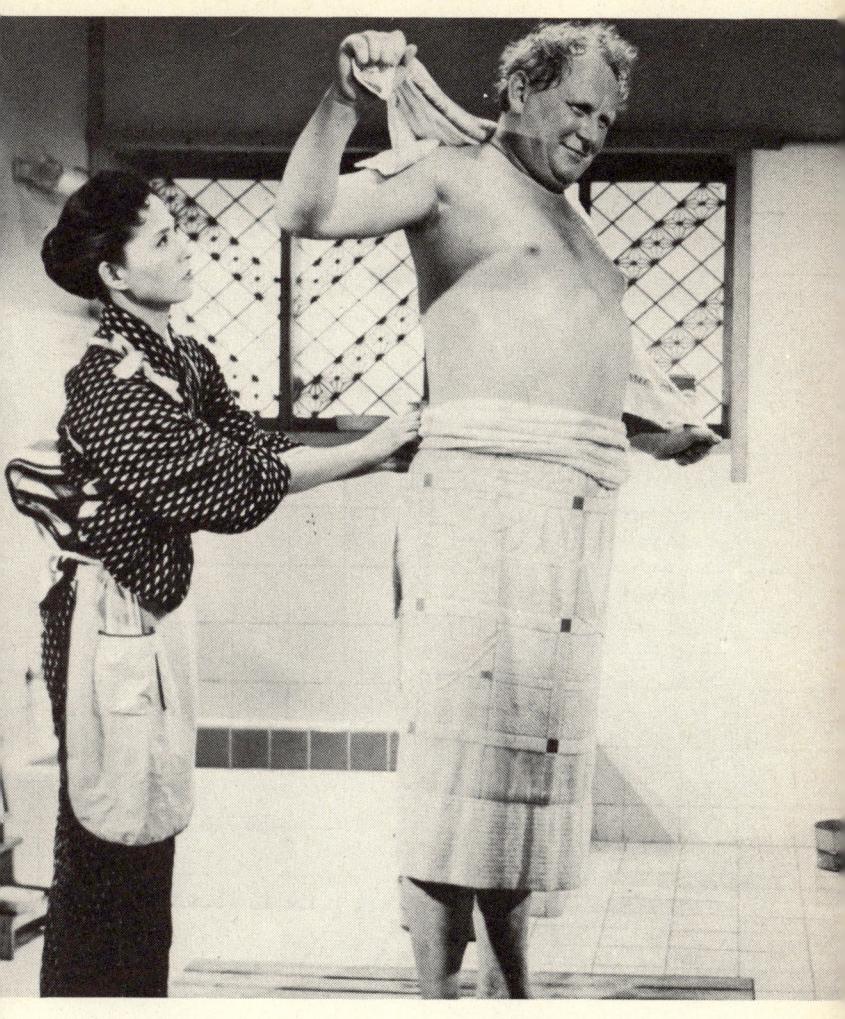

Die internationale Karriere nimmt Formen an. Yves Ciampi holte Gert Fröbe wieder einmal nach Frankreich, wo ›Typhon sur Nagasaki‹ (Taifun über Nagasaki/Liebe und Taifun auf Nagasaki, 1957) entstand, eine französisch-japanische Coproduktion.

Yves Ciampi. *Drehbuch* Yves Ciampi, J.C. Tachella. *Kamera* Henri Alekan. *Musik* Kinoshita.

Darsteller Jean Marais, Danielle Darrieux, Gert Fröbe, Keiko Kishi, Hitomi Nozoe, Kumeko Urabe, So Yamamura.

Gert Fröbe als deutscher Kaufmann Ritter, der, mit einer Japanerin verheiratet, im Fernen Osten eine zweite Heimat gefunden hat.

Uraufführung 16.8.1957

27 **Der tolle Bomberg** (BRD)

Produktion Arca. *Regie* Rolf Thiele. *Drehbuch* Per Schwenzen, Hans Jacoby, nach dem Roman von Josef Winckler. *Kamera* Vaclav Vich. *Musik* Hans-Martin Majewski.

Darsteller Hans Albers, Marion Michael, Harald Juhnke, Gert Fröbe, Erich Fiedler, Paul Henckels, Camilla Spira, Wanda Rotha, Hubert v. Meyerinck, Hans Leibelt, Herbert Hübner, Margit Symo, Ilse Künkele.

Gert Fröbe als neureicher Kommerzialrat Mühlberg, der seine Tochter Paula unbedingt mit seinem Nachbarn, Baron von Bomberg, verheiraten will.

Uraufführung 23.8.1957

28 **Das Herz von St. Pauli** (BRD)

Produktion Real/Gyula Trebitsch. *Regie* Eugen York. *Drehbuch* Kurt E. Walter, Eberhard v. Wiese. *Kamera* Ekkehard Kyrath. *Musik* Michael Jary.

Darsteller Hans Albers, Hansjörg Felmy, Carla Hagen, Jürgen Wilke, Gert Fröbe, Werner Peters, Camilla Spira, Elly Burgmer, Peer Schmidt, Ernst Waldow, Mady Rahl, Hans Richter, Karin Baal, Olga Limburg.

Gert Fröbe als zwielichtiger Geschäftemacher Jabowski, der durch Erpressung ins kriminelle Milieu der Hamburger Reeperbahn einsteigt.

Uraufführung 20.12.1957

Entsetzt schließt Kommerzialrat Mühlberg (Gert Fröbe) seine Tochter (Marion Michael) in die Arme, nachdem er Bomberg »erschossen« hat. Er kann das alles noch gar nicht fassen. Eine Szene aus dem Fim ›Der tolle Bomberg‹ (1957).

Gert Fröbe als zwielichtige Type Jabowski in Eugen Yorks Spielfilm ›Das Herz von St. Pauli‹ (1957). Mit auf dem Foto Jürgen Wilke und Hans Albers als Käpt'n Jonny Jensen. Der Film entstand vor der Kulisse des Hamburger Vergnügungsviertels.

29 **Grabenplatz 17** (BRD)
Produktion Deutsche Film-Hansa. *Regie* Erich Engels. *Drehbuch*
Engels, Neumeister. *Kamera* Georg Bruckbauer. *Musik* Heino Gaze.
Darsteller Wolfgang Preiss, Kai Fischer, Wolfgang Wahl, Gert Fröbe,
Carl Lange, Werner Peters, Stefan Haar, Kurt Waitzmann, Charles
Regnier, Robert Meyn, Maria Sebaldt, Carsta Löck, Maria Paudler,
Marina Ried, Elke Aberle.
Gert Fröbe als bulliger Schläger Titu Goritsch.
Uraufführung 17.7.1958

Titu Goritsch (Gert Fröbe) geht überhaupt nicht zimperlich mit der Stim-
mungssängerin Isabella (Kai Fischer) um. Die Aufnahme stammt aus dem
1958 entstandenen Spielfilm ›Grabenplatz 17‹, bei dem Erich Engels Regie
führte.

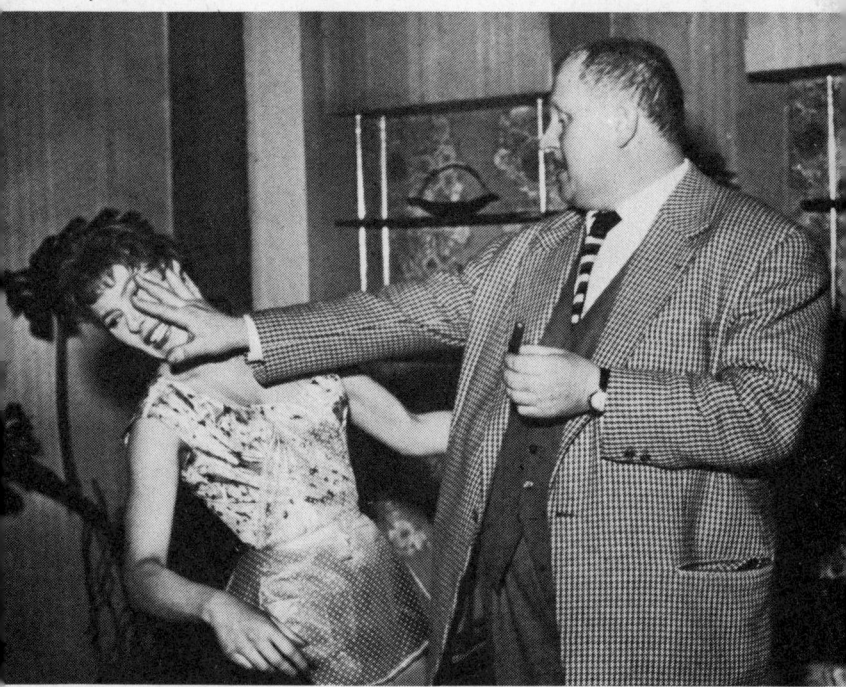

30 **Nasser Asphalt** (BRD)
Produktion Inter-West. *Regie* Frank Wisbar. *Drehbuch* Will Tremper.
Kamera Helmuth Fischer-Ashley, Franz X. Lederle. *Musik* Hans-Martin Majewski.
Darsteller Martin Held, Horst Buchholz, Maria Perschy, Gert Fröbe,
Inge Meysel, Peter Capell, Renate Schacht, Heinz Reincke, Richard
Münch.
Gert Fröbe als treuer Chauffeur Jupp, dessen Kriegsabenteuer seinen
Chef, den Sensationsjournalisten César Boyd zu einer aufsehener-
regenden Lügenstory inspirieren.
Uraufführung 3.4.1958

31 **Es geschah am hellichten Tag** (Schweiz/BRD)
Produktion Praesens/Chamartin. *Regie* Ladislao Vajda. *Drehbuch*
Friedrich Dürrenmatt, Hans Jacoby, Ladislao Vajda, nach dem Drama
von Dürrenmatt. *Kamera* Heinrich Gaertner. *Musik* Bruno Canfora.
Darsteller Heinz Rühmann, Michel Simon, Gert Fröbe, Ewald
Balser, Berta Drews, Siegfried Lowitz, Heinrich Gretler, Sigfrit
Steiner, Ettore Cella, Emil Hegetschweiler, René Magrow.
Gert Fröbe als gequälter Ehemann Schrott, der widerwillig seinem
krankhaften Trieb erliegt und zum Kindermörder wird.
Uraufführung 7.8.1958 (Berlin)

32 **Das Mädchen Rosemarie** (BRD)
Produktion Roxy, Luggi Waldleitner. *Regie* Rolf Thiele. *Drehbuch*
Erich Kuby, Jo Herbst, Rolf Ulrich, Rolf Thiele. *Kamera* Klaus v.
Rautenfeld. *Musik* Norbert Schultze.
Darsteller Nadja Tiller, Karin Baal, Mario Adorf, Gert Fröbe, Peter
van Eyck, Carl Raddatz, Horst Frank, Hanne Wieder, Jo Herbst,
Werner Peters, Hubert von Meyerinck, Tilo van Berlepsch, Helen
Vita.
Gert Fröbe als Generaldirektor Bruster, von dem sich das Callgirl
Rosemarie durch ein Verhältnis eine gesicherte bürgerliche Existenz
erhofft.
Uraufführung 28.8.1958

33 **Der Pauker** (BRD)
Produktion Ulrich. *Regie* Axel v. Ambesser. *Drehbuch* Curth Flatow,
Eckart Hachfeld. *Kamera* Erich Claunigk. *Musik* Carl v. Feilitzsch.
Darsteller Heinz Rühmann, Wera Frydtberg, Gert Fröbe, Peter
Kraus, Michael Verhoeven, Peter Vogel, Klaus Löwitsch, Bruni

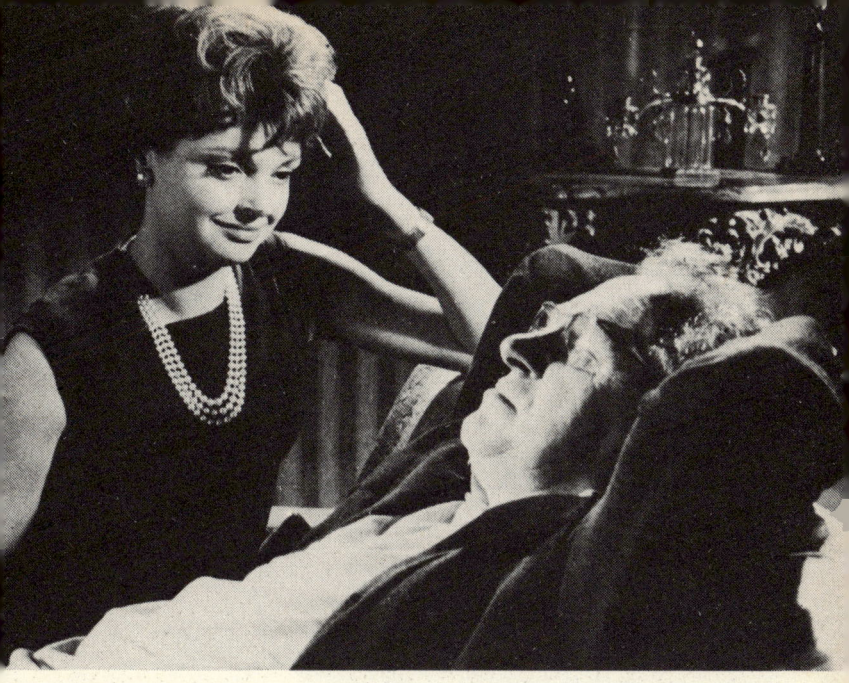

Der Aufregungen müde ist Walter (Gert Fröbe). Die Anstrengungen seiner legalen und illegalen Geschäfte nebeneinander sind selbst für diesen vitalen Mann zu groß. Irène, seine Frau (Nadja Tiller), hofft, daß Walter sich ganz von seinen Geschäften in der Pariser Unterwelt zurückzieht. Eine Szene aus ›Du Rififi À Paname/Rififi Internationale/Rififi in Paris/ Der Boss von Paris‹ (1966), einem Film von Denys de la Patellière.

Löbel, E.F. Fürbringer, Hans Leibelt, Walter Sedlmayr, Fritz Wepper, Ernst Reinhold, Hans Zander, Gustl Datz, Axel Scholtz.
Gert Fröbe als Boxer Freddy Biel, ein Freund des ›Paukers‹ der diesem hilft mit seiner flegelhaften Klasse fertig zu werden.
Uraufführung 2.10.1958

34 **Das Mädchen mit den Katzenaugen** (BRD)
Produktion Willy Zeyn. *Regie* Eugen York. *Drehbuch* Werner P. Zibaso. *Kamera* Heinz Hölscher. *Musik* Willy Mattes.
Darsteller Vera Tschechowa, Joachim Fuchsberger, Wolfgang Preiss, Mady Rahl, Bum Krüger, Hans Clarin, Stanislav Ledinek, Emmerich Schrenk, Gert Fröbe, Nina Hauser.

Gert Fröbe als verlotterter, gutmütiger Schrotthändler Tessmann, in dessen schäbiger Werkstatt gerissene Autodiebe gestohlene Wagen umfrisieren und einen Kripo-Kommissar ermorden.
Uraufführung 28.11.1958

35 **Charmants Garçons** (F)
dt. Titel **Kavaliere**
Produktion Roitfeld/Sirius. *Regie* Henri Decoin. *Drehbuch* Charles Spaak, Henri Decoin. *Kamera* Pierre Montazel. *Musik* Georges Van Parys, Guy Behar, Michel Legrand.
Darsteller Zizi Jeanmaire, Daniel Gélin, Henri Vidal, François Périer, Gert Fröbe, Jacques Dacqmine, Jacques Berthier, Marie Daems.
Gert Fröbe als Millionär Edmond, der sich mit dem ganzen Charme seines Bankkontos um die Gunst eines Variete-Stars bemüht.
Uraufführung 19.12.1958

36 **Nick Knattertons Abenteuer** (BRD)
weiterer Titel **Der Raub der Gloria Nylon**
Produktion Willy Zeyn. *Regie* Hans Quest. *Drehbuch* Werner P. Zibaso, nach einer Idee von Manfred Schmidt. *Kamera* Heinz Hölscher. *Musik* Willy Mattes.
Darsteller Karl Lieffen, Susanne Cramer, Maria Sebaldt, Wolfgang Wahl, Gert Fröbe, Günter Pfitzmann, Stanislav Ledinek, Hans von Borsody, Werner Fuetterer, Martin Hirthe, Wolfgang Neuss.
Gert Fröbe als zwielichtiger Spediteur Hugo, der eine entführte Millionärstochter seinerseits kidnappt und damit einen Krieg zwischen zwei Gangsterbanden auslöst.
Uraufführung 15.1.1959

37 **Échec au Porteur** (F)
dt. Titel **Polizeiaktion Dynamit**
auch **Es geschieht Punkt Zehn.**
Produktion Corona/Orex. *Regie* Gilles Grangier. *Drehbuch* Pierre Véry, Noël Calef, Grangier, nach dem Roman von Calef. *Kamera* Jacques Lemare. *Musik* Jean Yatove.
Darsteller Jeanne Moreau, Gert Fröbe, Paul Meurisse, Serge Reggiani, Reggie Nalder, Clément Harari, Lucien Raimbourg, Simone Renant.
Gert Fröbe als Chef Jean, ein hinkender, diabolischer Boß einer gnadenlosen Rauschgiftbande.
Uraufführung 13.3.1959

Catcher Freddy Blei alias Gert Fröbe sorgt für umwerfende Heiterkeit in Axel von Ambessers Film ›Der Pauker‹ (1958).

38 **I Battelieri del Volga** (It/F)
    dt. Titel **Wolgaschiffer**
    Produktion Transmonde/Rialto. *Regie* Viktor von Tourjansky,
    Arnaldo Genoino. *Drehbuch* Damiano Damiani, Genoino. *Kamera*
    Mario Montuori. *Musik* Norbert Glanzberg.
    Darsteller John Derek, Elsa Martinelli, Dawn Addams, Charles Vanel,
    Gert Fröbe, Wolfgang Preiss, Ingmar Zeisberg, Rik Battaglia.
    Gert Fröbe als »der Professor«, der einem russischen Rittmeister auf
    der Flucht vor den Kosaken hilft und ihn versteckt.
    Uraufführung 26.3.1959

1959

39 **Jons und Erdme** (BRD/It)
    ital. Titel **La Donna dell'Altro**
    alternative deutscher Titel **Mein Leben für Dich/Die Frau des Anderen**
    Produktion Kurt Ulrich/Nembo. *Regie* Victor Vicas. *Drehbuch* Robert
    A. Stemmle, Vicas, nach einer Novelle von Hermann Sudermann.
    Kamera Göran Strindberg. *Musik* Bernhard Eichhorn.
    Darsteller Giulietta Masina, Carl Raddatz, Karin Baal, Richard
    Basehart, Gert Fröbe, Werner Peters, Dietmar Schönherr, Agnes
    Fink, Berta Drews, Siegfried Wischnewski.
    Gert Fröbe als ehemaliger russischer Matrose Smailus, der sich, mit
    dem Gesetz in Konflikt geraten, in eine abgelegene Moorsiedlung
    in Litauen zurückzieht.
    Uraufführung 4.9.1959

40 **Menschen im Hotel** (BRD/F)
    frz. Titel **Grand Hotel**
    Produktion CCC/Films Modernes. *Regie* Gottfried Reinhardt. *Drehbuch* Hans Jacoby, Ladislas Fodor, nach dem Roman von Vicki Baum.
    Kamera Göran Strindberg. *Musik* Hans-Martin Majewski.
    Darsteller O.W. Fischer, Michèle Morgan, Heinz Rühmann, Sonja
    Ziemann, Gert Fröbe, Wolfgang Wahl, Dorothea Wieck, Siegfried
    Schürenberg, Friedrich Schoenfelder.
    Gert Fröbe als skrupelloser, primitiver Generaldirektor Preysing, der
    wegen Kreditschwindels erpreßt wird und seinen Peiniger im Jähzorn
    erschlägt.
    Uraufführung 23.9.1959 (München)

*Günter Pfitzmann und Gert Fröbe in dem Film ›Nick Knatterton's Aben-
teuer/Der Raub der Gloria Nylon‹ (1958). Hugo und Max frohlocken, weil
sie der Bande von Virginia Peng ein Schnippchen geschlagen haben und den
Glauben hegen, ihr die Millionenerbin abgejagt zu haben. Ihre Freude ist
jedoch von sehr kurzer Dauer.*

41 **Am Tag, als der Regen kam** (BRD)
weiterer Titel **Lederjacken und heiße Rhythmen**
Produktion Alfa. *Regie* Gerd Oswald. *Drehbuch* Heinz Oskar Wuttig,
Oswald, Will Berthold. *Kamera* Karl Löb. *Musik* Martin Böttcher.
Darsteller Mario Adorf, Elke Sommer, Christian Wolff, Corny Collins,
Uwe Gauditz, Gert Fröbe, Claus Wilcke, Horst Naumann, Hans
Zesch-Ballot, Ernst Jacobi, Herbert Weißbach.
Gert Fröbe als heruntergekommener, dem Alkohol verfallener
Arzt Dr. Albert Maurer, der von einer Jugendbande wegen eines
tödlich Verletzten zu Hilfe gerufen wird und dabei seinen Sohn findet.
Uraufführung 24.11.1959

42 **Der Schatz vom Toplitzsee** (BRD/Österreich)
weiterer Titel **Schüsse im Morgengrauen**
Produktion Cinélux/Antel. *Regie* Franz Antel. *Drehbuch* Kurt Nach-
mann, Rolf Olsen, nach dem Manuskript von Wolfgang Löhde.
Kamera Hans Theyer, Hanns Matula. *Musik* Michael Jary.
Darsteller Joachim Hansen, Gert Fröbe, Sabine Sesselmann, Werner
Peters, Hannelore Bollmann, Til Kiwe, Bruno Hübner, Lukas Amann.
Gert Fröbe als ehemaliger SS-Sturmführer Dr. Brandt, der nach dem
Krieg seine neue Existenz als Bankier Johannes Grohmann mit
gefälschten, englischen Pfundnoten aufgebaut hat.
Uraufführung 27.11.1959

43 **Und ewig singen die Wälder** (Österreich)
Produktion Wiener Mundus. *Regie* Paul May.
Drehbuch Kurt Heuser, nach dem Roman von Trygve Gulbranssen.
Kamera Elio Carniel. *Musik* Rolf A. Wilhelm.
Darsteller Gert Fröbe, Hansjörg Felmy, Joachim Hansen, Carl Lange,
Anna Smolik, Maj-Britt Nilsson, Hans Nielsen, Jürgen Goslar,
Elisabeth Epp, Hanns-Ernst Jäger, Franz Schafheitlin, Hintz Fabricius.
Gert Fröbe als hartherziger Patriarch Dag Björndal, der unnachsichtig
auf seinem ausgedehnten Besitz regiert, aber schlußendlich erkennt,
daß aller Reichtum nichts nützt, wenn man im Herzen einsam ist.
Uraufführung 3.12.1959

44 **Alt-Heidelberg** (BRD)
Produktion CCC/Kurt Ulrich. *Regie* Ernst Marischka. *Drehbuch* Ernst
Marischka, nach dem Schauspiel von Wilhelm Meyer-Förster. *Kamera*
Bruno Mondi. *Musik* Franz Grothe.
Darsteller Christian Wolff, Gert Fröbe, Sabine Sinjen, Rudolf Vogel,

Harry Meyen, Heinrich Gretler, Ludwig Linkmann, Ernst Stahl-Nachbaur, Siegfried Schürenberg, Walter Janssen, Tilo von Berlepsch, Gerhard Frickhöffer, Hannelore Elsner.

Gert Fröbe als treuer Hauslehrer Dr. Juttner, der seinen Schüler, den Erbprinzen von Sachsen-Karlsburg zum Studium nach Heidelberg begleitet.

Uraufführung 21.12.1959

45 **Douze Heures d'Horloge** (F/BRD)
dt. Titel **Ihr Verbrechen war Liebe**
auch **Auch Tote zahlen den vollen Preis**
Produktion Transocean/Estela/Rivers. *Regie* Geza van Radvanyi.
Drehbuch Radvanyi, René Lefèvre, Claus Hardt, nach einer Idee von Boileau und Narcejac. *Kamera* Henri Alekan. *Musik* Bert Grund.
Darsteller Lino Ventura, Laurent Terzieff, Hannes Messemer, Suzy Prim, Ginette Pigeon, Gert Fröbe, Eva Bartok.
Gert Fröbe als erpresserischer Fotograf Blanche, der einen entflohenen Häftling, in der Meinung, es sei sein Nebenbuhler, umbringt.
Uraufführung 15.1.1960

46 **Das kunstseidene Mädchen** (BRD/It/F)
ital. Titel **La Gran Vita**
Produktion Kurt Ulrich/Novella/Capitol. *Regie* Julien Duvivier. *Drehbuch* Julien Duvivier, René Barjavel, Robert A. Stemmle, nach dem Roman von Irmgard Keun. *Kamera* Göran Strindberg. *Musik* Heino Gaze.
Darsteller Giulietta Masina, Agnes Fink, Gustav Knuth, Gert Fröbe, Hannes Messemer, Ingrid van Bergen, Inge Egger.
Gert Fröbe als lüsterner Rechtsanwalt Dr. Kölling, der bei seiner Sekretärin abblitzt und diese deshalb fristlos entläßt.
Uraufführung 16.2.1960

1960

47 **Soldatensender Calais** (BRD)
weiterer Titel **Hier spricht der Chef**
Produktion Bavaria. *Regie* Paul May. *Drehbuch* Ernst van Salomon, nach dem Roman von Michael Mohr. *Kamera* Kurt Hasse. *Musik* Norbert Schultze.

Darsteller Hans Reiser, Gert Fröbe, Klausjürgen Wussow, Helmut Schmid, Peter Carsten, Siegfried Lowitz, Carl Lange, Wolfgang Büttner, Ingeborg Schöner, Karin Hübner, Edith Elmay, Alexander Golling, Edith Schultze-Westrum, Gerd Vespermann.

Gert Fröbe als brummiger, britischer Chef des geheimen Propagandasenders Calais, der während des Zweiten Weltkrieges mit Emigranten und Gefangenen den Widerstand organisieren soll.

Uraufführung 30.8.1960

In ›Das kunstseidene Mädchen/La Gran Vita‹ (1959) traf Gert Fröbe wieder auf Giulietta Masina. Regie führte Julien Duvivier. Stenotypistin Doris lenkt Rechtsanwalt Dr. Kölling ab, weil er ständig an ihren Tippfehlern herummäkelt.

Der Chef des Soldatensenders Calais wollte durch ein Gemisch von falschen und wahren Nachrichtenmeldungen in Deutschland Verwirrung stiften und gleichzeitig die Widerstandsgruppen in allen besetzten Ländern organisieren. Gert Fröbe als »Chef« in dem Paul-May-Film ›Soldatensender Calais/Hier spricht der Chef‹ (1960).

48 **Die Tausend Augen des Dr. Mabuse** (BRD/It/F)
ital. Titel **Il Diabolico Dottore Mabuse**
franz. Titel **Le Diabolique Docteur Mabuse**
Produktion CC/C.E. I. Incom/Criterion/Artur Brauner. *Regie* Fritz
Lang. *Drehbuch* Lang, Heinz Oskar Wuttig, nach einer Idee von Jan
Fethke. *Kamera* Karl Löb. *Musik* Bert Grund.
Darsteller Gert Fröbe, Dawn Addams, Peter van Eyck, Wolfgang
Preiss, Jean-Jacques Delbo, Reinhard Kolldehoff, David Camerone,
Werner Peters, Christiane Maybach, Andrea Cecchi, Howard Vernon,
Marieluise Nagel.
Gert Fröbe als Kriminalkommissar Kras, der die Spur des wahnsinni-
gen, machtbesessenen Überverbrechers Dr. Mabuse verfolgt, der
einen Fernsehreporter auf ungewöhnliche Weise ermordet hat.
Uraufführung 14.9.1960

49 **Bis das Geld euch scheidet** (BRD)
Produktion Alfa. *Regie* Alfred Vohrer. *Drehbuch* Heinz Oskar
Wuttig, nach dem Roman von Angela Ritter. *Kamera* Kurt Hasse,
Karl Löb. *Musik* Herbert Trantow.
Darsteller Luise Ullrich, Gert Fröbe, Corny Collins, Christiane
Nielsen, Wolfgang Lukschy, Leon Askin, Hans Hessling, Friedrich
Schoenfelder, Edith Schollwer, Herbert Tiede, Peter Parak.
Gert Fröbe als neureicher Wirtschaftswunderheld ›Jupp‹ Grapsch,
der seine langjährige treue Ehefrau verläßt, um ein erheblich jüngeres
Flittchen zu heiraten.
Uraufführung 27.9.1960

50 **Le Bois des Amants** (F/It)
ital. Titel **Il Bosco degli Amanti**
dt. Titel **Die Nacht der Liebenden**
Produktion Loche/Dama. *Regie* Claude Autant-Lara. *Drehbuch*
Jacques Remy, René Hardy, nach dem Roman von François de Curel.
Kamera Jacques Natteau. *Musik* René Cloërec.
Darsteller Laurent Terzieff, Erika Remberg, Françoise Rosay, Horst
Frank, Gert Fröbe.
Gert Fröbe als deutscher General.
Uraufführung 21.10.1960

51 **Der Gauner und der liebe Gott** (BRD)
Produktion Divina. *Regie* Axel von Ambesser. *Drehbuch* Curth
Flatow, Stefan Gommermann. *Kamera* Oskar Schnirch, Peter Haller.
Musik Norbert Schultze.

Fritz Lang inszenierte ›Die tausend Augen des Dr. Mabuse/Il Diabolico Dottore Mabuse/Le Diabolique Docteur Mabuse‹ (1960). Kriminalkommissar Kras (Gert Fröbe) ist im Beruf durchaus nicht schüchtern. Ihn stört es gar nicht, eine wirkliche Dame im Bett zu verhören, wenn er etwas herauskriegen will – und muß. Marion Menil (Dawn Addams) allerdings empfindet dieses Eindringen als Störung und versucht, den ungebetenen Gast auf charmante Art abzuweisen.

Darsteller Gert Fröbe, Karlheinz Böhm, Ellen Schwiers, Lucie Englisch, Rudolf Vogel, Hans-Jürgen Diedrich, Rosl Mayr, Manfred Kunst.

Gert Fröbe als Geldschränker ›Knacker Paule‹ Wittkowski, der während seiner ›Arbeit‹ Zwiesprache mit dem lieben Gott hält und durch dessen sehr direkte Hilfe dem Kittchen entgeht und auf den Pfad der Tugend zurückfindet.

Uraufführung 4.11.1960

Ausgerechnet der Dorfpolizist Franke (Hans J. Diedrich) eilt »Hochwürden« zur Hilfe. Entsetzt wehrt der »Herr Pfarrer« ab, denn sein Koffer hat die komplette Ausrüstung eines Geldschrankknackers zum Inhalt. »Hochwürden« Paul Wittkowski, auch »Knacker-Paule« genannt, ist in Wirklichkeit ein von der Polizei gesuchter Gauner, der in der Soutane Zuflucht gesucht hat, um zu entkommen. Szene aus ›Der Gauner und der liebe Gott‹ (1960).

1961

52 **Der grüne Bogenschütze** (BRD)
   Produktion Rialto-Film Preben Philipsen/Horst Wendlandt. *Regie* Jürgen Roland. *Drehbuch* Wolfgang Menge, Wolfgang Schnitzler, nach dem Roman von Edgar Wallace. *Kamera* Heinz Hoelscher. *Musik* Heinz Funk.
   Darsteller Gert Fröbe, Karin Dor, Klausjürgen Wussow, Eddi Arent, Harry Wüstenhagen, Wolfgang Völz, Stanislav Ledinek, Heinz Weiss, Helga Feddersen, Charles Pallent, Hans Epskamp, Edith Teichmann, Georg Lehn.
   Gert Fröbe als dubioser Schloßbesitzer Abel Bellamy der alle um

ihn herum ins Unglück stürzt und schließlich von seinem Neffen in der Maske des geheimnisvollen Bogenschützen ermordet wird. *Uraufführung* 3.2.1961

53 **Via Mala** (BRD)
Produktion CCC/May. *Regie* Paul May. *Drehbuch* Kurt Heuser, Paul May, nach dem Roman von John Knittel. *Kamera* Richard Angst. *Musik* Rolf Wilhelm.
Darsteller Gert Fröbe, Joachim Hansen, Christine Kaufmann, Christian Wolff, Joseph Offenbach, Rudolf Forster, Heinrich Gretler, Paul Henckels, Anne-Marie Blanc, Edith Schultze-Westrum, Claus Wilcke, Anita Höfer.
Gert Fröbe als trunksüchtiger, gewalttätiger Sägewerksbesitzer Jonas Lauretz, der seine Familie tyrannisiert und schließlich von ihr erschlagen wird.
Uraufführung 9.8.1961

Jonas Lauretz (Gert Fröbe), trunksüchtiger und gewalttätiger Sägewerksbesitzer, tyrannisiert seine Familie, hier seine Frau (Edith Schultze-Westrum), ein verhärmtes Wesen, das im Gebet Zuflucht suchte. Brutal entreißt Lauretz ihr den Rosenkranz und zertrampelt ihn auf dem Fußboden. Schließlich beschließt seine Familie seinen Tod und führt ihn auch aus. Eine Szene aus ›Via Mala‹ (1961) nach einem Drehbuch von Kurt Heuser.

54 Im Stahlnetz des Dr. Mabuse (BRD/It/F)
ital. Titel **FBI Contro Dottore Mabuse**
franz. Titel **Le Retour du Docteur Mabuse**
Produktion CC/SPA/Criterion. *Regie* Harald Reinl. *Drehbuch*
Ladislas Fodor, Marc Behm. *Kamera* Karl Löb. *Musik* Peter Thomass.
Darsteller Gert Fröbe, Lex Barker, Daliah Lavi, Wolfgang Preiss,
Rudolf Forster, Rudolf Fernau, Werner Peters, Adi Berber, Jean-
Roger Caussimon, Fausto Tozzi.
Gert Fröbe als Kriminalkommissar Lohmann, der zwischen Geister-
stimmen und hurtig mordenden Zuchthausinsassen wieder die Fahn-
dung nach dem Verbrecher Mabuse aufnimmt.
Uraufführung 13.10.1961

Daliah Lavi und Gert Fröbe in ›Im Stahlnetz des Dr. Mabuse/FBI Contro
Dottore Mabuse/Le Retour du Docteur Mabuse‹ (1961), einer deutsch-
italienisch-fransösischen Gemeinschaftsproduktion. Fröbes Rolle: Kriminal-
inspektor Lohmann.

Wie ein Berg steht der italienische Gesanglehrer Angelo Pirrone (Gert Fröbe) vor seinem kleinen Enkel Pietro (Hendrik Sick). Ein Szenenfoto aus dem Film ›Auf Wiedersehen!/Auf Wiedersehen in Arizona‹ (1961).

55 **Auf Wiedersehen!** (BRD)
auch **Auf Wiedersehen in Arizona**
Produktion Alfa. *Regie* Harald Philipp. *Drehbuch* Philipp, Fred
Denger, nach der Erzählung von Reinhold Pabel. *Kamera* Friedel
Behn-Grund. *Musik* Gert Wilden.
Darsteller Günther Pfitzmann, Joachim Fuchsberger, Werner Peters,
Gert Fröbe, Elke Sommer, Margot Eskens, Fritz Tillmann, Stanislav
Ledinek.
Gert Fröbe als ehemaliger italienischer Operntenor Angelo Pirrone,
der sich als Gesangslehrer in Arizona niederläßt.
Uraufführung 22.12.1961

1962

56 **La Rossa** (It/BRD)
dt. Titel **Die Rote**
Produktion Real/Magic/C.C. Champion. *Regie* Helmut Käutner.
Drehbuch Käutner, Alfred Andersch, nach dem Roman von Alfred
Andersch. *Kamera* Otello Martelli. *Musik* Zanetti und Tortorella.
Darsteller Ruth Leuwerik, Rossano Brazzi, Richard Münch, Gert
Fröbe, Giorgio Albertazzi, Harry Meyen.
Gert Fröbe als verschlagener Gestapo-Mann Kramer, der in Venedig
einen ehemaligen englischen Fallschirmspringer für die deutsche
Spionage gewinnen will.
Uraufführung 30.6.1962 (Berlin)

57 **Das Testament des Dr. Mabuse** (BRD)
Produktion CCC. *Regie* Werner Klingler. *Drehbuch* Ladislas Fodor,
Robert A. Stemmle, nach einer Idee von Thea van Harbou. *Kamera*
Albert Benitz. Musik *Raimund Rosenberger.*
Darsteller Gert Fröbe, Helmut Schmid, Charles Regnier, Wolfgang
Preiss, Senta Berger, Walter Rilla, Harald Juhnke, Leon Askin,
Ann Savo.
Gert Fröbe als Kriminalinspektor Lohmann, der eine Verbrecher-
bande jagt, deren Chef unter Hypnose des wahnsinnigen Dr. Mabuse
steht.
Uraufführung 7.9.1962

Venedig ist der Schauplatz des Films ›Die Rote/La Rossa‹ (1962), der nach dem gleichnamigen Bestseller-Roman von Alfred Andersch entstand. In der winterlichen Lagunenstadt ist Franziska (Ruth Leuwerik) auf der Flucht vor sich selbst. Es begegnen ihr Menschen der verschiedensten Herkünfte, die mitbestimmend auf den Lebensweg der »Roten« eingreifen. Hier trifft sie auch auf den verschlagenen Gestapo-Mann Kramer, der von Gert Fröbe gespielt wird.

58 **The Longest Day** (USA)
    dt. Titel **Der längste Tag**
    Produktion 20th Century-Fox/Darryl F. Zanuck/Elmo Williams.
    Regie Ken Annakin, Andrew V. Marton, Bernhard Wicki. *second unit-Regie* Elmo Williams, Darryl F. Zanuck, Gerd Oswald. *Drehbuch* Romain Gary, James Jones, David Pursall, Jack Seddon, Cornelius Ryan, nach dem Roman von Ryan. *Kamera* Jean Bourgoin,

Henri Persin, Walter Wottitz, Guy Tabary, Pierre Levent. *Musik* Maurice Jarre, Paul Anka.

Darsteller Robert Mitchum, John Wayne, Henry Fonda, Gert Fröbe, Richard Burton, Sean Connery, Paul Anka, Irina Demick, Wolfgang Preiss, Peter van Eyck, Heinz Reincke, Kurt Meisel, Dietmar Schönherr, Wolfgang Lukschy, Curd Jürgens, Richard Münch, Bourvil, Peter Lawford, Robert Wagner, Rod Steiger, Robert Ryan, Mel Ferrer, Sal Mineo, Roddy McDowall, Stuart Whitman, Tom Tryon, Eddie Albert, Jeffrey Hunter, Fabian, Red Buttons, George Segal, Edmond O'Brien, Kenneth More, Arletty, Jean-Louis Barrault, Karl John, Alexander Knox, Madeleine Renaud, Richard Beymer, Vicco von Bülow, Wolfgang Büttner, Hans Söhnker, Georges Wilson, Jean Servais, Christian Marquand, Werner Hinz, Paul Hartmann, Hans-Christian Blech, Ernst Schröder, Michael Hinz, Robert Freytag, Heinz Spitzner, Ray Danton, Steve Forrest, Ron Randell, Tommy Sands, Leo Genn, John Gregson, Leslie Phillips, Richard Todd, Pauline Carton, Georges Rivière, Henry Grace, Mark Damon, John Crawford, Nicholas Stuart, Donald Huston, Jack Hedley, Michael Medwin, Norman Rossington, John Robinson, Patrick Barr, Trevor Reid, Fernand Ledoux, Christopher Lee, Eugene Deckers.

Gert Fröbe als Feldwebel ›Kaffeklatsch‹, der beim Frühstückholen am 6. Juni 1944 in der Normandie von der Invasion der Alliierten überrascht wird.

Uraufführung 25.10.1962

59 **Heute kündigt mir mein Mann** (BRD)
weitere Verleihtitel **Vater lebt gefährlich**
und **Mein Mann, der Goldesel**
Produktion Gloria/Peter Goldbaum. *Regie* Rudolf Nußgruber, Goldbaum. *Drehbuch* Goldbaum, Hans Gruhl, nach dem Stück von W. Somerset Maugham. *Kamera* Albert Benitz. *Musik* Hans-Martin Majewski.
Darsteller Gert Fröbe, Hilde Krahl, Lola Müthel, Gisela Fritsch, Eike Pulwer, Peter Thom, Wolfgang Kieling.
Gert Fröbe als Börsenmakler Alfred Paulsen, der treusorgend für seine Familie immer da ist, bis ihm die überzogenen Ansprüche zuviel werden.
Uraufführung 25.1.1963

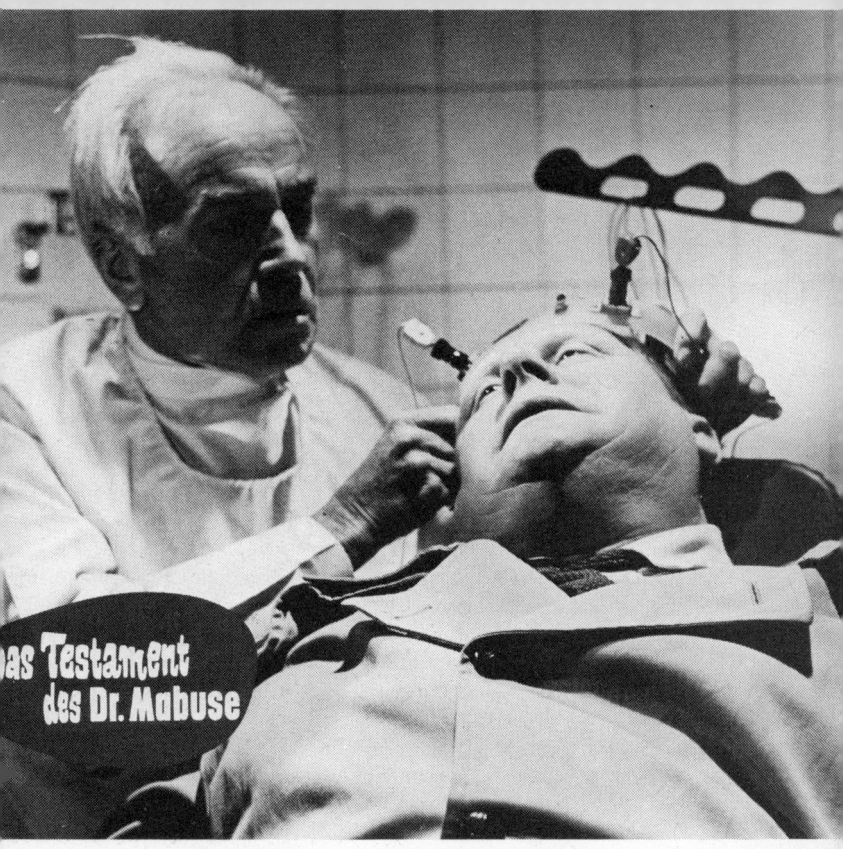

Walter Rilla und Gert Fröbe (wieder als Kriminalinspektor Lohmann) in Werner Klinglers Film ›Das Testament des Dr. Mabuse‹ (1962).

60 **Die Dreigroschenoper** (BRD/F)
frz. Titel **L'Opéra de Quat'Sous**
Produktion Kurt Ulrich/C.E.C. *Regie* Wolfgang Staudte. *Drehbuch* Staudte, Günther Weisenborn, nach dem Stück von Bertold Brecht. *Kamera* Roger Fellous. *Musik* Kurt Weill, Peter Sandloff.
Darsteller Curd Jürgens, June Ritchie, Marlene Warrlich, Sammy Davis jr., Hildegard Knef, Gert Fröbe, Lino Ventura, Walter Giller, Hilde Hildebrand, Hans W. Hamacher, Henning Schlüter, Hans Reiser, Siegfried Wischnewski, Walter Feuchtenberg, Stanislaw Ledinek, Martin Berliner, Max Strassberg, Stefan Wigger, Robert Manuel,

Jürgen Feindt, Adeline Wagner, Erna Haffner, Clessia Wade, Jacqueline Pierreux.

Gert Fröbe als Londoner Bettlerkönig Jeremiah Peachum, dessen Tochter den berüchtigten Verbrecher Mackie Messer heiratet.

Uraufführung 8.2.1963

61 **Le Meurtrier** (F/It/BRD)
ital. Titel **L'Omicida**
dt. Titel **Der Mörder**
auch **Der Schatten der Laura S.**

Produktion Corona/Sanero/International. *Regie* Claude Autant-Lara. *Drehbuch* Jean Aurenche, Pierre Bost, nach einem Roman von Patricia Highsmith. *Kamera* Jacques Natteau. *Musik* René Cloërec.

Darsteller Gert Fröbe, Marina Vlady, Robert Hossein, Harry Meyen, Maurice Ronet, Yvonne Furneaux.

Gert Fröbe als Buchhändler Kimmel, der seine Frau brutal ermordet und sich bei der Polizei verrät, als ein anderer Mord nach gleichem Muster geschieht.

Uraufführung 13.2.1963

1963

62 **Peau de Banane** (F/It)
ital. Titel **Buccia di Banana**
dt. Titel **Heißes Pflaster**
auch **Bananenschale**

Produktion Capitol/Sud-Pacifique/Mondiale/CCFC. *Regie* Marcel Ophuls. *Drehbuch* Daniel Boulanger, Claude Sautet, Ophuls, nach dem Roman von Charles Williams. *Kamera* Jean Rabier. *Musik* Ward Swingle, Bassiak.

Darsteller Jean-Paul Belmondo, Gert Fröbe, Jeanne Moreau, Claude Brasseur, Jean-Pierre Marielle, Charles Regnier, Alain Cuny, Paulette Dubost.

Gert Fröbe als gewiefter Rennspekulant Lachard, dem von einem Abenteurer das ergaunerte Geld durch geschickten Betrug wieder abgenommen wird.

Uraufführung 16.10.1963 (Paris), 3.1.1964 (BRD)

Gert Fröbe, Hildegard Knef und Hilde Hildebrand in dem Film ›Die Dreigroschenoper/L'Opera de Quat-Sous‹ (1962) nach Bertolt Brecht und Kurt Weill.

Claude Autant-Lara rief wieder, und Gert Fröbe folgte seinem Ruf. 1962
spielte er die Rolle des Kimmel in der französisch-italienisch-deutschen
Gemeinschaftsproduktion ›Le Meurtrier/L'Omicida/Der Mörder/Der
Schatten der Laura S‹. Inspektor Corby (Robert Hossein) unterzieht Kimmel
den brutalsten Verhören, um dessen Widerstandskraft langsam aber sicher
zu brechen.

1965

63　**Cent Mille Dollars Au Soleil** (F/It)
ital. Titel **Centomila Dollari Al Sole**
dt. Titel **100.000 Dollar in der Sonne**
Produktion S.N.E./Gaunont/Trianon/Ultra/MGM. *Regie* Henri
Verneuil. *Drehbuch* Michel Audiard, Marcel Jullian, Verneuil, nach
dem Roman von Claude Veillot. *Kamera* Marcel Grignon. *Musik*
Georges Delerue.
Darsteller Jean-Paul Belmondo, Lino Ventura, Reginald Kernan,
Andréa Parisy, Gert Fröbe, Bernard Blier.
Gert Fröbe als Spediteur Castigliano, der tonnenweise Waffen nach
Nigeria schmuggeln läßt.
Uraufführung 17.4.1964 (Paris), 4.9.1964 (BRD)

1964

64　**Tonio Kröger** (BRD/F)
Produktion Thalia/Mondex-Procinex/Seitz/Film-Aufbau. *Regie* Rolf
Thiele. *Drehbuch* Erika Mann, Ennio Flaiano, nach einer Novelle von
Thomas Mann. *Kamera* Wolf Wirth. *Musik* Rolf Wilhelm.
Darsteller Jean-Claude Brialy, Nadja Tiller, Werner Hinz, Walter
Giller, Gert Fröbe, Theo Lingen, Anaid Iplicjian, Rudolf Forster,
Günther Lüders, Adelin Wagner, Beppo Brem, Mathieu Carrière.
Gert Fröbe als Konstabler Peterson.
Uraufführung 2.9.1964

65　**Echappement Libre** (F/It/Spanien/BRD)
ital. Titel **Scappamento aperto**
dt. Titel **Der Boß hat sich was ausgedacht**
Produktion Sud-Pacifique / Capitol / Transmonde / CCFC / Pro. B.
Perojo/Eichberg-Film. *Regie* Jean Becker.*Drehbuch* Didier Goulart,
Maurice Fabre, Claude Sautet, Jean Becker, Daniel Boulanger, nach
dem Roman von Clet Coroner. *Kamera* Edmond Séchan. *Musik*
Martial Solal.
Darsteller Jean-Paul Belmondo, Jean Seberg, Michel Beaune, Gert
Fröbe, Jean-Pierre Marielle, Enrico Maria Salerno, Wolfgang Preiß,
Roberto Camardiel, Renate Ewert, Fernando Sancho, R.-L. Calco,
François Rey, D. Lory.

Mitte der sechziger Jahre drehte Gert Fröbe eine ganze Reihe französischer Filme. Hier ein Szenenfoto mit ihm und Lino Ventura in dem Jean-Paul-Belmondo-Film ›Cent Mille Dollars Au Soleil/Centomila Dollari Al Sole (100 000 Dollar in der Sonne, 1965).

*Gert Fröbe in ›Peau de Banane/Buccia di Banana‹ (Heißes Pflaster, 1963)
unter der Regie von Marcel Ophuls.*

Gert Fröbe als Schmugglerboß Fehrmann, der von Paris aus eine gewichtige Ladung Gold in den Vorderen Orient verschieben will. *Uraufführung* 4.9.1964 (Paris), 21.8.1964 (BRD)

66 **Goldfinger** (GB)
dt. Titel **James Bond 007 – Goldfinger**
Produktion Eon-Danjac SA (Harry Saltzmann, Albert R. Broccoli). *Regie* Guy Hamilton. *Drehbuch* Richard Maibaum, Paul Dehn, nach dem Roman von Ian Fleming. *Kamera* Ted Moore. *Musik* John Barry, Leslie Bricusse, Anthony Newley.
Darsteller Sean Connery, Gert Fröbe, Honor Blackman, Tania Mallet, Shirley Eaton, Harold Sakata, Bernard Lee, Martin Benson, Cec Linder, Austin Willis, Lois Maxwell, Desmond Llewelyn, Bill Nagy, Alf Joint, Varley Thomas, Nadja Regin, Raymond Young, Richard Vernon, Denis Cowles, Michael Mellinger, Burt Kwouk, Hal Galili, Lenny Rabin, Margaret Nolan, Mai Ling, Al Coffey.
Gert Fröbe als skrupelloser Super-Gangster Auric Goldfinger, der in seiner unersättlichen Geldgier die amerikanischen Goldreserven aus Fort Knox zu rauben versucht.
Uraufführung 14.1.1965

1965

67 **A High Wind in Jamaica** (GB)
dt. Titel **Sturm über Jamaika**
Produktion 20th Century-Fox British/Croyden. *Regie* Alexander Mackendrick. *Drehbuch* Ronald Harwood, Dennis Cannon, Stanley Mann, nach dem Roman von Richard Hughes. *Kamera* Douglas Slocombe. *Musik* Larry Adler.
Darsteller Anthony Quinn, James Coburn, Dennis Price, Gert Fröbe, Lila Kedrova, Nigel Davenport.
Gert Fröbe als stummer Kapitän Vandervort, der von Piraten gefangen und von einem kleinen Mädchen in fiebriger Trance erstochen wird.
Uraufführung 4.6.1965

68 **Those Magnificent Men In Their Flying Machines** (GB)
Or How I Flew From London To Paris In 25 Hours And 11 Minutes
dt. Titel **Die tollkühnen Männer in ihren fliegenden Kisten**
Produktion 20th Century-Fox British. *Regie* Ken Annakin. *Drehbuch* Jack Davis, Annakin. *Kamera* Christopher Challis. *Musik* Ron Goodwin.

›Das Liebeskarussell‹ (1965), ein Episodenfilm von Axel von Ambesser, Rolf Thiele und Alfred Weidemann. Gert Fröbe hier in einer Szene mit Cathérine Deneuve.

Darsteller Stuart Whitman, James Fox, Sarah Miles, Alberto Sordi, Robert Morley, Gert Fröbe, Jean-Pierre Cassel, Irina Demick, Terry-Thomas, Benny Hill, Flora Robson, Red Skelton, Karl-Michael Vogler, Sam Wanamaker, Gordon Jackson, Eric Pohlmann, Cicely Courtneidge.
Gert Fröbe als deutscher Oberst von Holstein, der 1910 an einem internationalen Wettfliegen von London nach Paris teilnimmt und dem Kaiser den Sieg versprochen hat.
Uraufführung 14.9.1965

69 **Das Liebeskarussell** (Österr./BRD)
Produktion Intercontinental/Duca. *Regie* Axel von Ambesser, Rolf Thiele, Alfred Weidenmann. *Drehbuch* Kurt Nachmann, Herbert Reinecker, Paul Hengge. *Kamera* Wolf Wirth. *Musik* Erwin Halletz.
Darsteller Curd Jürgens, Nadja Tiller, Ivan Desny, Gert Fröbe,

Cathérine Deneuve, Heinz Rühmann, Johanna v. Koczian, Gisela Hahn, Anita Ekberg, Peter Alexander, Axel von Ambesser, Hans Leibelt, Bum Krüger, Eva Kinsky, Christine Schubert.
Gert Fröbe als gehörnter Ehemann Emil Claasen, dessen Frau vorgibt mondsüchtig zu sein um ihre Liebhaber nachts besuchen zu können.
Uraufführung 30.9.1965 (München)

70 **Jules Verne's Rocket to the Moon** (GB)
auch **Rocket to the Moon.**
amerikan. Titel **Those Fantastic Flying Fools** *auch* **Blast-Off**
dt. Titel **Tolldreiste Kerle in rasselnden Raketen**
Produktion Jules Verne Films (Harry Alan Towers). *Regie* Don Sharp.
Drehbuch Dave Freeman, Peter Welbeck, nach dem Roman von Jules Verne. *Kamera* Reg Wyer. *Musik* Patrick John Scott.
Darsteller Gert Fröbe, Daliah Lavi, Burl Ives, Troy Donahue, Lionel Jeffries, Terry-Thomas, Dennis Price, Hermione Gingold.
Gert Fröbe als verschrobener Wissenschaftler Professor von Bülow, der einen neuen Raketen-Treibstoff erfunden hat, mit dem Menschen ohne Schaden auf den Mond geschossen werden können.
Uraufführung 20.12.1967

1966

71 **Ganovenehre** (BRD)
Produktion Inter-West/Wenzel Lüdecke. *Regie* Wolfgang Staudte.
Drehbuch Curth Flatow, Hans Wilhelm. *Kamera* Friedel Behn-Grund.
Musik Hans-Martin Majewski.
Darsteller Daniel Gélin, Gert Fröbe, Mario Adorf, Curt Bois, Karin Baal, Helen Vita, Gretl Schörg, Jürgen Feindt, Martin Hirthe, Ilse Pagé, Robert Rober, Gert Haucke.
Gert Fröbe als ›Importen-Paule‹, Vorsitzender der Ganovenorganisation ›Sparverein Biene‹, der im Berlin der zwanziger Jahre den Prostituierten-Markt beherrscht.
Uraufführung 14.4.1966

72 **Du Rififi À Paname** (F/It/BRD)
ital. Titel **Rififi Internazionale**
dt. Titel **Rififi in Paris**
auch **Der Boss von Paris**

Produktion Copernic/Comacico/Gloria/Fida. *Regie* Denys de la Patellière. *Drehbuch* de la Patellière, nach dem Roman von Auguste LeBreton. *Kamera* Walter Wottitz. *Musik* Georges Garvarentz.
Darsteller Jean Gabin, Gert Fröbe, George Raft, Nadja Tiller, Mireille Darc, Claudio Brook, Marcel Bozzuffi, Claude Brasseur.
Gert Fröbe als biederer Antiquitätenhändler Walter, der als ›Stratege‹ für die Pariser Unterwelt Coups plant, aber aussteigen möchte.
Uraufführung 23.7.1966

73 **Paris Brûle-T-Il?** (F/USA)
amerikan. Titel **Is Paris Burning?**
dt. Titel **Brennt Paris?**

Zwischendurch auch wieder einmal in einem bundesdeutschen Film: Gert Fröbe in ›Ganovenehre‹ (1966) unter der Regie von Wolfgang Staudte.

Produktion Transcontinental/ Marianne / Paramount / Paul Graetz. *Regie* René Clement. *Drehbuch* Gore Vidal, Francis Ford Coppola, Marcel Moussy, Jean Aurencke, Pierre Bost, Claude Brul, nach dem Buch von Larry Collins und Dominique Lapierre. *Kamera* Marcel Grignon, Jean Tournier. *Musik* Maurice Jarre.

Darsteller Jean-Paul Belmondo, Charles Boyer, Leslie Caron, Jean-Pierre Cassel, George Chakiris, Alain Delon, Kirk Douglas, Bruno Cremer, Pierre Dux, Gert Fröbe, Glenn Ford, Daniel Gélin, Hannes Messemer, Yves Montand, Harry Meyen, Anthony Perkins, Michel Piccoli, Wolfgang Preiß, Claude Rich, Simone Signoret, Robert Stack, Jean-Louis Trintignant, Pierre Vaneck, Marie Versini, Orson Welles, Ernst-Fritz Fürbringer, Joachim Hansen, Hans von Borsody, Jean Valmont, Bernard Fresson, Skip Ward, Claude Dauphin, E. G. Marshall, Suzy Delair, Billy Frick, Sacha Pitöff, Michel Berger, Germaine de France, Pascal Fardoulis, Jean-Pierre Honoré, Peter Jakob, Paloma Matta, Jean Negroni, Jo Warfield, Joachim Westhoss, Jean-Pierre Zola, Billy Kearns.

Gert Fröbe als deutscher Stadtkommandant General von Choltitz, der 1944 Paris gegen den Befehl Hitlers vor der Vernichtung rettet. *Uraufführung* 28.10.1966

74 **Triple Cross** (GB/F/BRD)

franz. Titel **La Fantastique Histoire Vraie d'Eddie Chapman**
dt. Titel **Spion zwischen zwei Fronten** *auch* **Im Dienste der Deutschen Armee**

Produktion Cineurop/Jacques-Paul Bertrand/Gloria-Film. *Regie* Terence Young. *Drehbuch* René Hardy, William Marchant, nach einem Buch von Frank Owen. *Kamera* Henri Alekan. *Musik* Georges Garvarentz, B. Kaye.

Darsteller Christopher Plummer, Romy Schneider, Yul Brynner, Gert Fröbe, Trevor Howard, Claudine Auger, Harry Meyen, Jess Hahn, Howard Vernon, Bernard Fresson, Jean Claudio, Clément Harari, Georges Lycan, Jean-Claude Bercq, Gil Barber, Jacques Harden.

Gert Fröbe als miesepetriger Oberst Steinhäger, genannt ›Schnaps‹, der den englischen Meistereinbrecher Eddie Chapman als Agent anheuert, ihm aber aus gutem Grund mißtraut. *Uraufführung* 24.2.1967

1967

75 **J'ai Tue Raspoutine** (F/It)
ital. Titel **Addio Lara**
dt. Titel **Ich tötete Rasputin**
auch **Donner über St. Petersburg**
Produktion Copernic/Compagnia Generale Cinematografia. *Regie*
Robert Hossein. *Drehbuch* Hossein, Alain Decaux, Claude Desailly,
Kamera Henri Persin. *Musik* André Hossein.
Darsteller Gert Fröbe, Peter McEnery, Geraldine Chaplin, Robert
Hossein, Ivan Desny, Ira von Fürstenberg, Claude Genia, Roger
Pigaut, France Delahalle.
Gert Fröbe als russischer Wundermönch Rasputin, der sich vom ein-
fachen Bauern zum ersten Mann am Zarenhof emporspielt und bald
die Politik nahezu allein bestimmt.
Uraufführung 28.7.1967

1968

76 **Caroline Chérie** (F/It/BRD)
dt. Titel **Caroline Chérie – Schön wie die Sünde**
Produktion Cineurop/Mancori/Norddeutsche. *Regie* Denys de la
Patellière. *Drehbuch* Cécil Saint Laurent. *Kamera* Sacha Vierny. *Musik*
Georges Garvarentz, Charles Aznavour.
Darsteller France Anglade, Vittorio de Sica, Gert Fröbe, Jean-Claude
Brialy, Charles Aznavour, Karin Dor, Bernard Blier, François
Guérin, Giorgio Albertazzi, Françoise Christophe, Claude Brasseur,
Isa Miranda.
Gert Fröbe als geldgieriger Arzt Dr. Belhomme, Leiter einer Pariser
Nobelklinik in der zahlungskräftige Adelige im Revolutionsjahr 1789
vor der Guillotine Unterschlupf finden.
Uraufführung 22.3.1968

77 **Chitty Chitty Bang Bang** (GB)
dt. Titel **Tschitti tschitti bäng bäng**
Produktion Warfield/D.F.I. *Regie* Ken Hughes. *Drehbuch* Roald
Dahl, Richard Maibaum, Hughes, nach dem Roman von Ian Fleming.
Kamera Christopher Challis, John Harris. *Musik* Richard M. Sherman,
Robert B. Sherman. Irwin Kostal.

Darsteller Dick Van Dyke, Sally Ann Howes, Lionel Jeffries, Gert Fröbe, Anna Quayle, Benny Hill, James Robertson Justice, Robert Helpman, Richard Wattis.

Gert Fröbe als heimtückischer, kinderhassender ›Schurke‹ Baron Bomburst, der dem genialen Erfinder Patts dessen fliegendes Wunderauto stehlen will.

Uraufführung 14.3.1969

1969

78 **Monte Carlo Or Bust** (GB/It/F)
ital. Titel **Quei Temerari sulle Loro Pazze, Scatenate, Scalcinate Carriole**
auch **Il Rallye Di Monte Carlo... E Tutta Quella Confusione.**
frz. Titel **Monte Carlo Rallye**
amerikan. Titel **Those Daring Young Men In Their Jaunty Jalopies.**
dt. Titel **Monte Carlo Rallye**
Produktion Dino de Laurentiis/Marianne. *Regie* Ken Annakin. *Drehbuch* Jack Davis, Annakin. *Kamera* Gabor Pogany. *Musik* Ron Goodwin.
Darsteller Tony Curtis, Gert Fröbe, Mireille Darc, Bourvil, Lando Buzzanca, Walter Chiari, Marie Dubois, Susan Hampshire, Terry-Thomas, Peter Cook, Dudley Morre, Jack Hawkins, Peer Schmidt, Nicoletta Macchiavelli.

Gert Fröbe als Gauner Willi Schickel, der während einer Oldtimer-Rallye in Monte Carlo in einen Diamantenschmuggel verstrickt ist.

Uraufführung 18.9.1969

1972

79 **Dollars** (USA/BRD)
auch **The Heist**
dt. Titel **Der Millionenraub**
Produktion M. J. Frankowich/Pax Enterprises. *Regie* Richard Brooks. *Drehbuch* Richard Brooks. *Kamera* Petrus Schloemp. *Musik* Quincy Jones.
Darsteller Warren Beatty, Goldie Hawn, Gert Fröbe, Robert Webber, Scott Brady, Art Brauss, Wolfgang Kieling, Christiane Maybach, Robert Stiles, Horst Hesslein, Hans Hutter, Robert Harrou.

Gert Fröbe und Anna Quayle in ›Chitty Chitty Bang Bang‹ (Tschitti tschitti bäng bäng, 1968), einem Film von Ken Hughes nach einem Roman von Ian Fleming, dem Autor der James-Bond-Romane.

Gert Fröbe als Bankdirektor Kessel, dessen durch raffinierte Alarmsysteme gesicherte Bank ausgeraubt werden soll.
Uraufführung 17.2.1972

80 **Ludwig** (It/F/BRD)
frz. Titel **Le Crepuscule des Dieux**
dt. Titel **Ludwig II**
Produktion Mega/Cinetel/Divina/Dieter Geissler-Film. *Regie* Luchino Visconti. *Drehbuch* Visconti, Enrico Medioli, Suso Cecchi d'Amico.
Kamera Armando Nannuzzi, *Musik* Franco Mannino, unter Verwendung der Musik von Wagner, Schumann und Offenbach.
Darsteller Helmut Berger, Romy Schneider, Trevor Howard, Silvana Mangano, Gert Fröbe, Helmut Griem, Umberto Orsini, John Moulder-Brown, Marc Porel, Folker Bohnet, Adriana Asti, Sonia Petrova, Heinz Moog, Nora Ricci, Mark Burns, Alexander Allerson, Kurt Großkurth, Henning Schlüter, Isabella Telezynska, Maurizio Bonuglia, Anne-Marie Hanschke, Clara Mustchaevski, Eva Tavazzi, Gunnar Warner, Jan Linhart, Bert Bloch, Gernot Möhner, Helmut

Stern, Wolfram Schaerf, Karl-Heinz Peters, Berno v. Cramm, Hans Elwenspoek, Karl-Heinz Windhorst, Rayka Juriec.
Gert Fröbe als Pater Hoffmann, der dem jungen König Ludwig vor der Thronbesteigung die Beichte abnimmt und sein väterlicher Freund wird.
Uraufführung 29.12.1972

Gert Fröbe und Warren Beatty in Richard Brooks' Film ›Dollars/The Heist/ Der Millionenraub‹ (1972), einer amerikanisch-deutschen Koproduktion.

Beichtvater Peter Hoffmann (Gert Fröbe) und Ludwig II. (Helmut Berger) in einer Szene des mit großem Aufwand von Luchino Visconti hergestellten Films ›Ludwig/Le Crépuscule des Dieux/Ludwig II‹. (1972).

1974

81 **Der Räuber Hotzenplotz** (BRD)
Produktion Ehmck. *Regie* Gustav Ehmck. *Drehbuch* Gustav Ehmck, nach dem Roman von Otfried Preußler. *Kamera* Hubert Hagen, Ernst Krämer. *Musik* Eugen Thomass.
Darsteller Gert Fröbe, Rainer Basedow, David Friedmann, Josef Meinrad, Gerd Acktun, Lina Carstens.
Gert Fröbe als vollbärtiger, furchterregender Räuber Hotzenplotz, der frech die Spieluhr seiner Großmutter klaut, die ihm aber wieder von anderen abgejagt wird.
Uraufführung 8.3.1974

82 **And Then There Were None** (GB/F/BRD/Spanien/It)
   amerikan. Titel **Ten Little Indians**
   dt. Titel **Ein Unbekannter rechnet ab**
   Produktion Corona/COMECISA/Talia/Coralta. *Regie* Peter Collin-
   son. *Drehbuch* Enrique Lovet, Erich Kroehnke, nach Agatha Christies
   Roman »Ten little Indians«. *Kamera* Fernando Arribas. *Musik* Carlo
   Rustichelli.
   Darsteller Oliver Reed, Gert Fröbe, Richard Attenborough, Charles
   Aznavour, Stéphane Audran, Elke Sommer, Herbert Lom, Adolfo
   Celi, Alberto de Mendoza, Maria Rohm.
   Gert Fröbe als Wilhelm Blore, der mit sieben anderen von einem
   mordlüsternen »Mr. Unbekannt« in ein Wüstenhotel eingeladen wird,
   und getötet werden soll.
   Uraufführung 24.9.1974

83 **L'Homme Sans Visage** (F/It)
   auch **Nuits Rouges**
   dt. Titel **Der Mann ohne Gesicht**
   Produktion Terra/S.O.A.T. *Regie* Georges Franju. *Drehbuch* Jacques
   Champreux. *Kamera* Guido Renzo Bertoni. *Musik* Franju, Hector
   Berlioz.
   Darsteller Jacques Champreux, Gayle Hunnicutt, Gert Fröbe, Jose-
   phine Chaplin, Ugo Pagliai, Patrick Préjean, Raymond Bussières.
   Gert Fröbe als Kommissar Sorbier, der den Juwelendieb und Mörder
   »Ohne Gesicht« überführt.
   Uraufführung 17.10.1974

1975

84 **Docteur Justice** (F/Spanien)
   dt. Titel **Die Ölpiraten**
   Produktion Belles-Rives/Hidalgo. *Regie* Christian-Jaque. *Drehbuch*
   Jacques Robert. *Kamera* Michel Kelber. *Musik* Pierre Porte.
   Darsteller Gert Fröbe, John Philip Law, Nathalie Delon, Roger
   Paschy.
   Gert Fröbe als John Orwal, der als Schiffskoch Max getarnt, für eine
   Organisation arbeitet, die sich auf Ölpiraterie spezialisiert hat.
   Uraufführung 17.12.1975, Paris

85 **Mein Onkel Theodor**
oder Wie man im Schlaf viel Geld verdient (BRD)
Produktion Ehmck/NDR/HR. *Regie* Gustav Ehmck. *Drehbuch*
Günther Spang, Gustav Ehmck, nach dem Buch von Spang. *Kamera*
Hubert Hagen. *Musik* Eugen Thomass.
Darsteller Gert Fröbe, Barbara Rütting, Wera Frydtberg, Alexander
Huchel, Michael Reimers, David Bennent, Josef Moosholzer, Rolf
Patzer, Werner Schwier, Axel Schießler, Henry Gregor, Rosl Mayr,
Alfred Edel.
Gert Fröbe in der Doppelrolle des Dauerschläfers Traugott Wurster
und als revolutionärer Kinderfreund Onkel Theodor.
Uraufführung 18.12.1975 (München)

1977

86 **Das Gesetz des Clans** (BRD)
Produktion CEP-Film/TV-Produktion. *Regie* Eugen York. *Drehbuch*
Hanne-Lore Morell. *Kamera* Günter Haase.
Darsteller Gert Fröbe, Heidi Brühl, Horst Frank, Hellmuth Lange,
Ulrich Beiger, Mady Rahl, Peter Carsten, Alexander Stephan,
Friedrich Schütter, Hanne-Lore Morell.
Gert Fröbe als englischer Versicherungsdetektiv, der einem Rausch-
giftschmuggel auf der Spur ist.
Uraufführung 24.3.1977

87 **The Serpent's Egg** (USA/BRD)
dt. Titel **Das Schlangenei**
Produktion Dino de Laurentiis/Rialto. *Regie* Ingmar Bergman. *Dreh-
buch* Bergman. *Kamera* Sven Nykvist. *Musik* Rolf Wilhelm.
Darsteller Liv Ullmann, David Carradine, Gert Fröbe, Heinz Bennent,
James Whitmore, Edith Heerdegen, Hans Quest, Walter Schmidinger,
Charles Regnier.
Gert Fröbe als Kriminalkommissar Bauer, der im Berlin der zwanziger
Jahre eine Serie mysteriöser Morde aufklären soll.
Uraufführung 8.10.1977

›The Serpent's Egg/Das Schlangenei‹ (1977), ein Film von Ingmar Bergman.
Gert Fröbe als Kriminalkommissar Bauer (Mitte) mit David Carradine
(links) und Liv Ullmann (rechts, sitzend).

88 **Tod oder Freiheit** (BRD)
Produktion Paramount Deutschland/Orion/Regina Ziegler. *Regie*
Wolf Gremm, *Drehbuch* Gremm, Fritz Müller-Scherz, Thomas Keck,
Barbara Naujok (nach Schiller). *Kamera* Jost Vacano. *Musik* Oliver
Onions (Guido und Maurizio de Angelis).
Darsteller Peter Sattmann, Erika Pluhar, Wolfgang Schumacher,
Harald Leipnitz, Gert Fröbe, Christine Böhm, Mario Adorf, Dieter
Schidor, Guido de Angelis, Stefan Ostertag, Volker Bogdan, Georg
Lehn, Klaus Münster, Michael Tietz, William Hobbs, Dorothea
Moritz, Hildegard Wensch.
Fröbe in der Rolle des Graf von Buttlar in dieser Rebellenstory des
Jahres 1750.
Uraufführung 25.12.1977

1978

89 **Der Schimmelreiter** (BRD)
Produktion Albis/ZDF. *Regie* Alfred Weidenmann, *Drehbuch*

Weidenmann, nach der Novelle von Theodor Storm. *Kamera* Heinz Hölscher. *Musik* Hans-Martin Majewski.

Darsteller John Phillip Law, Anita Ekström, Gert Fröbe, Werner Hinz, Reinhard Kolldehoff, Lina Carstens, Vera Tschechowa, Katharina Mayberg, Dirk Galuba, Wolfrid Lier, Richard Lauffen, Jörg Pleva, Peter Kniper, Gerda Gmelin, Detlev Eckstein.

Gert Fröbe als weißhaariger, honoriger alter Deichgraf Tede Volkerts. *Uraufführung* 29.3.1978

Wolf Gremms Film ›Tod oder Freiheit‹ aus dem Jahre 1977. Gert Fröbe und Georg Lehn in der Szene, wo ein Vater erfährt, daß sein Sohn zum Rebellen gegen einen übermächtigen Herrscher geworden ist.

90 **Der Tiefstapler** (BRD/Spanien)
Produktion Anila, RKB. *Drehbuch* Karl-Heinz Bieber. *Kamera* Charly Steinberger. *Musik* Jack White
Darsteller Gert Fröbe, Georg Thomalla, Charo Lopez, José Luiz Lifante. Elisa Montèz.
Gert Fröbe als Deutscher Botschafter Felix von Korn, der in einem lateinamerikanischen Zwergstaat vergebens einen Entwicklungsminister erwartet und das Zeremoniell durch Doppelgänger rettet.
Uraufführung 11.5.1978

1979

91 **Bloodline** (USA/BRD)
auch **Sidney Sheldons »Bloodline«**
dt. Titel **Blutspur**
Produktion David V. Picker/Sidney Beckerman/NF Geria III. *Regie* Terence Young. *Drehbuch* Laird Koenig, nach dem Roman von Sidney Sheldon. *Kamera* Freddie A. Young. *Musik* Ennio Morricone.
Darsteller Audrey Hepburn, Ben Gazzara, James Mason, Claudia Mori, Irerne Papas, Michelle Phillips, Maurice Ronet, Romy Schneider, Omar Sharif, Gert Fröbe, Wolfgang Preiss, Vadim Glowna, Walter Kohut, Beatrice Straight, Marcel Bozzuffi, Gabriele Ferzetti, Ivan Desny, Friedrich v. Ledebur, Pinkas Braun.
Gert Fröbe als Schweizer Kriminalinspektor Max Hornung, der die Ermordung eines Pharma-Konzernchefs aufdeckt und der Tochter des Toten zu ihrem rechtmäßigen Erbe verhilft.
Uraufführung 21.12.1979

1980

92 **Le Coup Du Parapluie** (F)
dt. Titel **Die Regenschirmmörder**
Produktion Gaumont International. *Regie* Gérard Oury. *Drehbuch* Oury, Danièle Thompson. *Kamera* Henri Decaë. *Musik* Vladimir Cosma.

›*Der Schimmelreiter‹ (1978): Gert Fröbe als Deichgraf Tede Volkerts.*

Darsteller Pierre Richard, Gert Fröbe, Valérie Mairesse, Gérard Jugnot, Christine Murillo, Gordon Mitchell, Vittorio Caprioli, Roger Carel, Maurice Risch, Robert Dalban.
Gert Fröbe als berüchtigter Waffenhändler Otto Krampe, der ermordet werden soll.
Uraufführung 8.8.1980

Rechts: Wieder in einer US-amerikanisch-deutschen Koproduktion: Bloodline/Sidney Sheldon's Bloodline/Blutspur (1979). Gert Fröbe als Schweizer Kriminalinspektor Max Hornung, der die Ermordung des Pharma-Konzernchefs Roffe aufzuklären versucht. Der Film ist mit international bekannten Stars besetzt.

Gérard Oury inszenierte 1980 ›Le Coup du Parapluie‹ (Die Regenschirmmörder) mit Gert Fröbe und Pierre Richard in den männlichen Hauptrollen.

1981

93 **Der Falke** (BRD/Jugoslawien)
Produktion Neue Telekontakt/R. von Hirschberg/Rudolf Kalmovicz-Filmproduktion/Jadran-Film/Avala-Film. *Regie* Vatroslav Mimica.
Drehbuch Mimica, Alexandr Petrovic. *Kamera* Petrovic.
Darsteller Franco Nero, Gert Fröbe, Sanja Veynovic, Dragan Nicolic, Gisela Fackeldey, Petra Peters, Nina Palmers, Nikola Angelovski, Neda Spasojevic, Rade Serbedzija, Charles Millot, Zlatko Madunic, Bozidar Pavicevic.

Ernennungen
und Auszeichnungen

1936 *Sächsischer Staatspreis* für Malerei

1959 *Preis der Deutschen Film-Kritik*

1961 *Ernst-Lubitsch-Preis* des »Clubs der Berliner Filmjournalisten«
Silberner Oskar der »Frankfurter Illustrierten«

1965 *Das Blaue Band* der amerikanischen Film-Industrie

1966 *Goldener Bambi* des Burda-Verlages

1967 *Goldener Bambi* des Burda-Verlages

1972 Ehrenbürger der südwestfranzösischen Stadt Cognac

1973 *Großes Verdienstkreuz* des Verdienstordens der Bundesrepublik
Deutschland.

1976 *Karl-Valentin-Orden* der Münchner Narrhalla

1981 *Goldener Fußball* der »Bild am Sonntag«

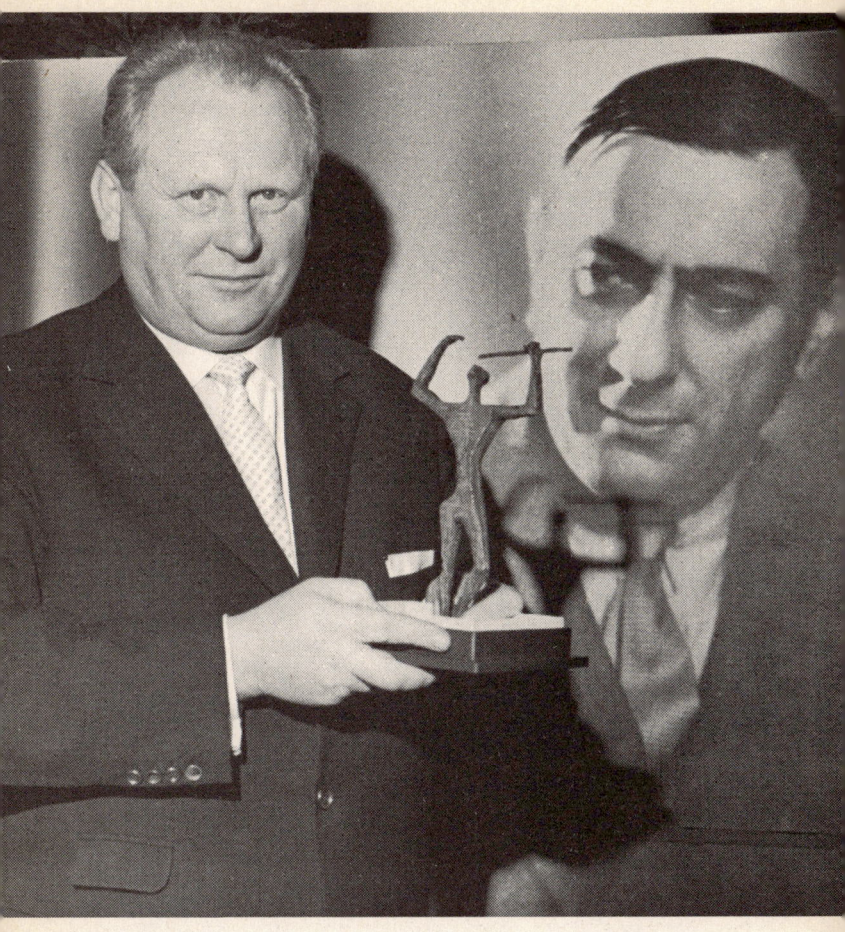

Für seine Darstellung in ›Der Gauner und der liebe Gott‹ erhielt Gert Fröbe
1960 den Ernst-Lubitsch-Preis, der jedes Jahr einmal einer komödiantischen
Darstellung im Film verliehen wird. Fröbe war damit der vierte Träger dieser
Auszeichnung, die 1957 auf Anregung von Hollywood-Regisseur Billy
Wilder ins Leben gerufen wurde. Die drei ersten Preisträger: Kurt Hoff-
mann, Heinz Rühmann und Ladislao Vajda.

Gert Fröbe im Theater

Diese Zusammenstellung will lediglich die Theaterlaufbahn des Schauspielers skizzieren und erhebt nicht den Anspruch auf absolute Vollständigkeit.

1925 **Weihnachten im Erzgebirge**
Zwickau – Theateraufführung bei der Weihnachtsfeier des Erzgebirgsvereins.

1930 **Gevatter Tod**
Zwickau – Laienbühne des Gymnasiums

1933 Lehre als Bühnenmaler (bei Prof. Mahnke) Dresden – Staatstheater

1935 Erster Schauspielunterricht (bei Erich Ponto) Dresden

1936 Schauspielunterricht (bei Paul Günther) Berlin

1937 Erstes Engagement als Schauspieler und Operettenbuffo Wuppertal/Barmen-Elberfeld – Städtische Bühnen
Verschiedene kleinere Rollen in Frankfurt – Städtische Bühnen
(Leitung Kurt Meißner)
in **Diego** (Moreto)
Frankfurt – Aufführung der Schauspielschule
Die tote Tante (Curt Goetz)
Saarbrücken –

1939 Frankfurt/Main – Opernhaus und Schauspielhaus

1940 Marburger Sommerfestspiele
Marburg/Lahn
Verschiedene komische Rollen
Wien – Deutsches Volkstheater (Leitung Walter Bruno Iltz)
Verschiedene Charaktere in Shakespeare-Stücken
Wien – Deutsches Volkstheater (Walter Bruno Iltz)
Verschiedene Rollen, u.a. alte Männer
Wien – Theater in der Josefstadt

1944 Engagement bzw. Vertrag mit
Wien – Burgtheater
(nichtig durch Schließung aller Theater wegen »Totalen Krieges«)

1945 **Bunte Abende** mit Pantomime, Gedichten und Musik

Bayern – Lazarette, Wirtshaussäle, provisorische Bühnen.
Pantomime und Gedichte (Morgenstern u. Schiller)
München – Gonghaus

1946 **Pantomime und Gedichte** (Morgenstern und Schiller)
München – Bunter Würfel, Mutti-Bräu, Bühnenclub,
Hotel Bayerischer Hof
Shakespeares **Storm** (Probenarbeit, abgebrochen)
Regie: Erich Engel
München – Münchener Kammerspiele

1947 **Jongleur und Pantomime**
München – Circus Belli
Nürnberg – Variete
Münster – kurzes Engagement am Theater
München – Kabarett Simpl (zusammen mit Karl Valentin)

1948 **Kabarett mit Pantomime,** Gedichte und Rezitation
München – Kabarett Der Simpl
Frankfurt/M. – Großkabarett Scala

1949 **Kabarett mit Pantomime,** Gedichten und Rezitationen
München – verschiedene Nachtkabaretts
Hamburg – bonnbonniere

1950 Stargast in Günter Neumann's Programm **Schwarzer Jahrmarkt**
Frankfurt – Komödienhaus (Leitung Wolfgang Müller)
Anschließend Tournee durch einige Städte Deutschlands.

1952 **Von Mäusen und Menschen** (John Steinbeck)
Rolle: Lennie
Münster –

1953 **Gedichte und Rezitationen**
Köln – Hotel Kaiserhof, Betriebsfest der Fa. Fleischhauer

1973 **Pantomime und Stegreifgeschichten aus seinem Leben**
Hamburg – Hamburger Fabrik
Der Raub der Sabinerinnen (F. u. P. Schönthan)
Rolle des Theaterdirektors Striese
Regie: Axel von Ambesser
München – Deutsches Theater
Mainz – Unterhaus
Stuttgart – Kleines Renitenztheater

1974 **Durch Zufall frei** (Premiere)
München – Lach- und Schießgesellschaft
Düsseldorf – Kom(m)ödchen
anschließend Tournee durch verschiedene Städte der Bundes-
republik, sowie Österreich und der Schweiz.
Der Raub der Sabinerinnen (F. u. P. Schönthan)
Rolle des Theaterdirektors Striese
Hamburg – Operettenhaus Bühne an der Reeperbahn

1977 **Durch Zufall frei**
München – Studiotheater am Fuchsbau
Berlin – Kleines Theater
Köln – Senftöpfchen
Köln – Theater am Dom
Bonn – Kontrakreis

1978 **Durch Zufall frei**
Berlin – Kleines Theater
München – Lach- und Schießgesellschaft
Hamburg – Hamburger Kulturdampfer

1979 **Durch Zufall frei**
Hamburg – Operettenhaus
Hamburg – Hamburger Kulturdampfer
München – Lach- und Schießgesellschaft

1980 **Durch Zufall frei**
Berlin – Hotel Kempinski
Berlin – Theater am Südwestkorso

1981 **Durch Zufall frei**
Hamburg – Möbius' Kulturdampfer
Berlin – Hotel Kempinski

Gert Fröbe im Fernsehen

Der Werbefilm ›Koche mit Maggi‹ und ein amerikanischer Werbefilm für den General-Motors-Konzern wurden hier nicht berücksichtigt

1969 **Stars unter Sternen**
Friedrich Luft im Gespräch mit Gert Fröbe
Regie: Hans Borgelt

1970 Peter Frankenfeld **Vergißmeinnicht**
Gastauftritt von Gert Fröbe

1973 Robert Lembkes **Heiteres Beruferaten »Was bin ich?«**
Gert Fröbe als Ehrengast

1973 **Morgenstern am Abend**
Aufzeichnung einer Kleinkunst-Lesung
Gert Fröbe rezitiert Morgenstern und andere

1976 **Die Schuldigen mit den sauberen Händen** *auch angekündigt als:*
Aufforderung zum Tod
Regie Claude Chabrol

1977 **Sonntagsgeschichten**
Episode »Seele eines Hundes« von B. Traven
Regie Kurt Hoffmann

1978 **Als wärs' heut' gewesen ...**
Sendung zum 65. Geburtstag von Gert Fröbe

1980 **Das kleine Kino an der Ecke**
Erinnerungen an den Nachkriegsfilm
Klaus Havenstein im Gespräch mit Gert Fröbe

1981 **Ein sturer Bock**
In der gleichnamigen Episode mit Heinz Reincke
Regie Rolf von Sydow
Sternstunde
Französischer Originaltitel »Parcelle Brillante«
Regie Christian de Chalonge

Bibliographie

Ball Gregor, *Heinz Rühmann, Seine Filme – sein Leben*. Wilhelm Heyne Verlag, München 1981.

Bandmann Christa/Hembus Joe, *Klassiker des deutschen Tonfilms 1930 – 1960,* Citadel-Filmbücher bei Goldmann, Wilhelm Goldmann Verlag, München 1980.

Bauer Dr. Alfred, *Deutscher Spielfilm Almanach 1929 – 1950*. Filmladen Christoph Winterberg (Herausgeber), München 1975.

Bawden Liz-Anne und Wolfgang Tichy (Herausgeber), *rororo Filmlexikon Band 1-6*. Rowohlt Taschenbuchverlag GmbH, Reinbek bei Hamburg, 1978

Benichon Pierre J.-B./Sylviane Pommier, *Romy Schneider, Ihre Filme – Ihr Leben*. Wilhelm Heyne Verlag München 1981.

Brauner »Atze«, *Mich gibt's nur einmal – Rückblende eines Lebens*, Herbig Verlag, München, Berlin 1975.

Cornelsen Peter, *Helmut Käutner, Seine Filme – sein Leben*. Wilhelm Heyne Verlag, München 1980.

Eser Willibald, *Helmut Käutner, »Abblenden«. Sein Leben, seine Filme*. Moewig Verlag, München 1981.

Fischer Robert/Hembus Joe, *Der Neue Deutsche Film 1960 – 1980*. Citadel-Filmbücher bei Goldmann, Wilhelm Goldmann Verlag, München 1981.

Jürgens Curd., *...und kein bißchen weise*. Droemer Knaur Verlag Schoeller & Co, Locarno 1976.

Kirst Hans Hellmut, *Heinz Rühmann – Ein biographischer Report*. Kindler Verlag, München 1969.

Koschnitzki Rüdiger, *Helmut Käutner – Filmographie*. Deutsches Institut für Filmkunde (Herausgeber). Wiesbaden 1978.

Maibohm Ludwig, *Fritz Lang. Seine Filme – sein Leben*. Wilhelm Heyne Verlag, München 1981.

Nemeczek Alfred/Frauke Hanck/Pit Schröder, *Romy Schneider und ihre Filme*. Citadel Filmbücher bei Goldmann, Wilhelm Goldmann Verlag München 1980.

Ophüls Max, *Spiel im Dasein – Eine Rückblende*. Henry Goverts Verlag, Stuttgart 1969.

Riess Curt, *Das gab's nur einmal*. Verlag der Sternbücher, Hamburg 1956.

Scheingraber Michael, *Die James-Bond-Filme.* Citadel Filmbücher bei Goldmann, Wilhelm Goldmann Verlag, München 1979.

Schumann Uwe-Jens, *Hans Albers. Seine Filme – sein Leben.* Wilhelm Heyne Verlag, München 1980.

Spiess Eberhard, *Hans Albers – Eine Filmographie.* Kommunales Kino, Frankfurt 1977.

Struss Dieter, Heyne Jahrgangsbücher, *Das war 1933, . . .1939, . . .1945, . . .1948.* Wilhelm Heyne Verlag, München 1980 und 1981.

Register

HEYNE FILMBIBLIOTHEK

In der Taschenbuch-Edition »Heyne Filmbibliothek« werden die großen unvergeßlichen Filmstars vorgestellt. Jeder Band gibt einen umfassenden Überblick über ihr Leben, ihr Wirken und ihre Filme, die eingehend beschrieben werden. Außerdem erscheinen in dieser Reihe auch Themenbände, die sich mit bestimmten Filmarten, wichtigen Epochen und Kategorien ausführlich beschäftigen.

Curtis F. Brown
Ingrid Bergman
(32/12 - DM 5,80)

Michael Kerbel
Paul Newman
(32/13 - DM 5,80)

James Juneau
Judy Garland
(32/14 - DM 5,80)

George Morris
Errol Flynn
(32/15 - DM 5,80)

Andrew Bergman
James Cagney
(32/16 - DM 5,80)

Adam Reilly
Harold Lloyd
(32/17- DM 5,80)

Uwe Jens Schumann
Hans Albers
(32/18 - DM 6,80)

John Baxter
John Ford
(32/19 - DM 6,80)

Robert Chazal
Louis de Funès
(32/20 - DM 6,80)

Benichou/Pommier
Romy Schneider
(32/21 - DM 6,80)

John Gabree
**Der klassische
Gangster-Film**
(32/22 - DM 6,80)

Michel Lebrun
Woody Allen
(32/23 - DM 6,80)

Gregor Ball
Heinz Rühmann
(32/24 - DM 7,80)

René Jordan
Gary Cooper
(32/25 - DM 5,80)

Thomas Jeier
Jane Fonda
(32/26 - DM 6,80)

Peter Cornelsen
Helmut Käutner
(32/27- DM 6,80)

Karin Wichmann
Hans Moser
(32/28 - DM 6,80)

Tony Thomas
Burt Lancaster
(32/29 - DM 5,80)

Gerald Peary
Rita Hayworth
(32/30 - DM 5,80)

François Guérif/
Stéphane Levy-Klein
Jean Paul Belmondo
(32/31 - DM 6,80)

Ludwig Maibohm
Fritz Lang
(32/32 - DM 8,80)

Joe Hembus
Charlie Chaplin
(32/34 - DM 4,80)

Michael Bavar
Mae West
(32/35 - DM 5,80)

Udo W. Wolff
**Preußens Glanz und
Gloria im Film**
(32/36 - DM 6,80)

Gregor Ball
Gert Fröbe
(32/37- DM 6,80)

Claude Gauteur/
André Bernard
Jean Gabin
(32/38 - DM 6,80)

Robert Moss
**Der klassische
Horror-Film**
(32/39 - DM 6,80)

Roland Flamini
Vom Winde verweht
(32/40 - DM 6,80)

Stuart Kaminsky
John Huston
(32/41 - DM 9,80)

Leonard Maltin
**Der klassische
amerikanische
Zeichentrickfilm**
(32/42 - DM 7,80)

Preisänderungen
vorbehalten.

Wilhelm Heyne Verlag München